KB218643

6평 카페의 기적 같은 이야기

고백 에클레시아

6평 카페의 기적 같은 이야기

고백 에클레시아

신율

차례

저는 목회의 다양성을 믿습니다. 물론 복음적 신앙고백은 양보될 수 없음도 믿습니다. 그러나 동일한 신앙고백의 뿌리에서도 열매는 다양할 수 있습니다. 양광모 목사님의 목회 실험은 아직도 진행형입니다. 그래서 그의 실험을 일반화할 수는 없다고 생각합니다. 그러나 이런 모험적 실험은 한국 교회의 미래를 풍요롭게 만들 수 있습니다. 이 책을 읽는 독자들이 양 목사님의 목회 철학에 동의할 필요는 없다고 봅니다. 그래도 그의 용기와 창의적 도전 정신은 공유했으면 합니다. 지금 한국 교회는 현상 유지만으로는 너무 큰 절망 앞에 서 있기 때문입니다. 마침 종교개혁 500주년을 맞이하며 이 시대에 걸맞은 루터의 출현을 기다립니다.

양광모 목사님은 여러 형태의 목회를 다 경험해 본 목회자입니다. 그리고 스스로 안이한 목회 정착을 거부하고 광야로 나간 분입니다. 저는 솔직히 그가 실험하는 목회의 미래를 예언하기 어렵습니다. 그러나 그 자신이 후회하지 않을 선택이라면 축복하겠다고 했습니다. 그가 이 책에서 나눈 여섯 평 카페의 기적이 어쩌면 축복의 시작이기를 기도합니다.

양광모 목사님과 비슷한 처지에서 광야 교회를 개척하는 모든 이들, 미래 목회를 아직도 미래의 청사진으로 그리고 있는 신학생들, 기성 교회의 현실에 절망하고 있는 모든 목회 동역자들 그리고 한국 교회의 현실에 절망하고 있는 모든 평신도들. 이런 동역자들이 이 책을 함께 읽고 교회론의 재정립을 토론할 수 있다면…… 이 책은 여섯 평 카페의 기적을 재현하는 교회론의 교과서가 될 것입니다.

_목회 실험의 중보기도 동역자, 이동원 목사(지구촌교회 원로 목사)

양광모 목사는 카페 에클레시아라고 하는 여섯 평의 작은 카페를 운영하는 목사입니다. '에클레시아'라는 단어가 교회를 뜻하니 사람들은 대개 카페 교회를 하는 목사이겠거니 생각합니다. 그런데 본인은 카페 교회를 하는 것이 아니라고 말합니다. 교회 자립과 예배 장소 확보의 수단으로 카페를 운영하는 것이 아니라는 말입니다. 양 목사의 카페 에클레시아는 '찾아가는 교회'라는 새로운 유형의 교회입니다. 사람들에게 "교회 나오세요"라고 전도하는 것이 아니라 교회가 카페로 성육신해서 사람들 속으로, 세상으로 들어가겠다는 의도입니다. 세상 속으로 들어가 사람들을 만나고, 이야기를 들어주고, 함께 아파하며 복음의 능력을 통해 저들을 돕고 섬기며 채워 주는 교회를 하겠다는 것입니다. 마치 예수님이 사람이 되어 세상에 오셔서 우리를 섬기셨던 것처럼 말입니다. 예수님은 이 땅에 오셔서 "공중의 나는 새도 머리 둘 곳이 있는데 인자는 머리 둘 곳도 없다"고 말씀하셨습니다. 인카네이션 처치incarnation church 라고 할 수 있는 카페 에클레시아도 마찬가지입니다. 인간적으로 볼 때 경제적으로 쪼들리는 것이 분명합니다. 그런데 정작 본인은 행복하다 고백합니다. 십여 명의 작은 숫자대개 아줌마들들이 카페 에클레시아에서 양 목사를 만나면서 기독교에 대해 가졌던 마음의 벽이 허물어지기 시작했다고 고백하는 등 변화가 일어나고 있기 때문입니다. 화려한 성 같은 예배당을 짓고 교인들뿐 아니라 세상 사람들에게 군림하고 호령하려고 하는, 그래서 사람들에게 드디어 외면당하기 시작한 건방진(?) 교회의 허물을 벗고 작은 여섯 평 카페의 얼굴로 하나님의 사람들을 찾아내려 하는 카페 에클레시아의 간증과 고백을 여러분에게 추천합니다.

_ **김동호 목사**(사단법인 피피엘, (전) 높은뜻연합선교회 대표)

원생들과 소풍을 간 유치원 선생님이 뜻밖의 질문을 받았습니다.

"선생님, 왜 시냇물 소리가 아름답게 들리나요?"

바로 대답을 해 주지 못한 선생님은 돌아와서 물속에 있는 조약돌이 그 이유라는 것을 찾아냈습니다. 물의 흐름을 방해하는 것들이 오히려 아름다운 소리를 내게 하는 것이었습니다.

부임한 교회의 성도들과 관계도 좋고 교회도 성장하고 있었던 양광모 목사님이 교회를 개척하신 지 벌써 5년의 시간이 흘렀습니다. 상일동의 작은 카페에서 앞치마를 두르고 손님들을 상대하고 있는 저자를 보았을 때 그가 얼마나 하나님 앞에서 바로 서기 위해 몸부림치며 내린 결단인지 짐작할 수 있었습니다. 그의 결단은 바로 '선교적 교회'를 직접 현장에서 실천하기 위한 것이었습니다. 그리고 5년 동안 모든 기득권을 내려놓고 가장 낮은 자리에서 애쓰며 건강한 교회를 세워 나갔던 그 솔직한 현장의 이야기를 진솔하게 책으로 담았습니다. 다양한 교계의 고민과 흐름에 민감한 일을 하고 있는 제가 이 책을 추천하는 이유는 분명합니다. 이 책에는 선교적 교회를 향한 현장의 고민과 절망과 희망과 간절함이 고스란히 담겨 있기 때문입니다. 저자는 이 주제로 박사 학위를 받았기에 이론과 실제가 함께 있어서 더욱 든든합니다.

건강한 교회, 선교적 교회를 이루는 데 방해가 되는 많은 어려움과 고난을 아름다운 노래로 바꾸어 책으로 엮은 양 목사님의 감사가 곳곳에서 묻어나는 이 책은 건강한 선교적 교회를 섬기고 있는 교회에 접목하고자 애쓰시는 목회자, 신학생 그리고 교회와 신앙에 대해 남모를 갈등을 하고 있는 분들에게도 큰 위로와 희망이 될 것입니다. 감히 추천합니다.

_이민우 목사(CTS기독교TV 부회장)

이 책은 한 목사의 고백이 아니라 한국 교회를 향한 하나님의 아픔과 소망을 담은 책입니다. 교회의 본질을 다시금 회복하되 새로운 시대에 비전을 가지고 만든 책입니다. 교회를 너무나 사랑하기에 교회의 모습을 진실하게 바라보고 비판한 책이며 교회만이 이 땅의 소망이기에 용기있게 새 교회의 출발을 담고 있는 책입니다. 책상에 앉아서 만든 책이 아니라 현장 속에서 몸부림치며 만든 책이며 무엇보다 진실과 비전과 용기로 만든 책입니다. 교회의 본질은 세상 속으로 들어가서 세상을 섬김을 알기에 교회당을 떠나 하나님을 예배하는 교회, 신앙의 본질은 생명 사랑임을 알기에 모든 겉치레를 벗어 버리고 맨손으로 생명을 섬기는 교회, 하나님의 나라는 예수를 구주로 고백하는 모든 성도들의 사명이기에 목사의 특권도 버리며 함께 섬기는 교회 이야기를 담고 있는 책입니다. 이 책이 한국 교회의 아픔을 치유하고 새 소망을 가져다주는 작은 빛이 될 것이라 믿습니다.

_박원호 총장(실천신학대학원대학교)

『고백 에클레시아』를 읽으면서 많은 생각이 오고갔습니다. 저자 양광모 목사님은 전통 교회인 동안교회와 새로운 교회의 모델로 급성장한 지구촌교회의 핵심 부서에서 최선을 다해 사역한 경험을 가지고 있는 분입니다. 그리고 작지 않은 전통 교회의 담임 목사로 다양한 경험을 통해 교회다움의 소원을 갖고 몸부림쳤던 목회자이기도 합니다. 그런 양광모 목사님이 어느 날 안정적이고 편하게 목회할 수 있는 환경을 내려놓고 광야처럼 아무것도 없는 곳으로 훌쩍 떠나가던 모습은 충격적이었습니다. 이 책을 읽으며 저는 양광모 목사님이 왜 그렇게 힘든 길을 선택했는지를 이해할 수 있었습니다. 복음에 대한 갈망과 교회다움에 대한 갈증이 얼마나 그의 마음과 영혼을 몸부림치게 만들었는지 알게 되었습니다.

양광모 목사님은 감각이 탁월한 분입니다. 진심으로 사람을 섬길 줄 아는 분이십니다. 어떤 상황에서도 자신이 어떻게 해야 할지를 잘 아시는 분입니다. 그러기에 커피를 통해 사람을 만나고, 그 커피 향기를 통해 예수 그리스도의 향기를 뿜어내는 지혜를 가진 분입니다. 그래서 그가 내린 커피는 작은 한 잔의 평범한 커피가 아닙니다. 교회에 대해 고민하고 결단한 시간만큼 얼마나 많은 것들을 담아내려 애쓰고 있는지, 얼마나 맛있게 담아내려 노력했는지, 그러면서도 결코 넘치지 않게 담아내려 하는지 누구보다 저는 잘 알고 있습니다. 그러기에 이 책에 담긴 여섯 가지 삶의 이야기는 양 목사님의 정성과 사랑의 배경 위에 그려진 그림과도 같은 이야기입니다. 거침없고 꾸밈없는 아줌마들의 이야기 속에는 한국 교회의 아픔이 들어 있습니다. 그런 일상 속에서 이 땅의 교회들에게 하시는 하나님의 말씀을 듣는 은혜와 깨달음이 담겨 있습니다. 카페 에클레시아의 커피 한 잔 속에는 목회자의 섬김이 담겨 있습니다. 그런 섬김을 가슴에 품고 예수 그리스도의 사랑을 아름답게 만들어가는 목사님이 계신 그곳 카페 에클레시아는 현실의 문제 앞에 힘들어하는 모든 것들이 고통이 아니라 기쁨일 것입니다. 여섯 평 작은 공간이지만 그 속에 담긴 수많은 영혼의 아름다운 모습들이 이 글을 통해 우리에게 큰 울림을 주고 있습니다. 여섯 평 카페에 담긴 풍성함 만큼이나, 여섯 사람의 이야기만큼이나 진솔한 삶의 담백함이 이 작은 책 속에 가득 담겨 있습니다. 그리고 마지막 한 분, 그분으로 인해 완전수인 7이 되는 이야기가 바로 Go Back ekklesia입니다.

_김형준 목사(동안교회)

변화하는 세상에서 변하지 않는 복음을 어떻게 삶으로 전할 것인가? 이 질문은 복음과 문화의 관계에 대한 영원한 질문이며, 어느 시대의 교회이든 당면한 도전입니다. 20세기 후반부에 와서야 기독교 신학은 교회의 본질을 제대로 파악하기 시작했습니다. 곧 교회는 선교를 본질로 한다는 것을 확인한 것입니다. 확인이라고 말한 이유는 역사에 없던 것을 발견한 것이 아니라 재발견했다는 말입니다. 사도행전적인 초대교회의 원천을 재발견하고 확인한 것이라는 의미입니다. 선교학이 재발견한 또 다른 관점은 교회의 선교는 해외 타문화권뿐만 아니라 교회가 자리 잡고 있는 지역사회도 선교의 장으로 보아야 한다는 것입니다. 유럽과 북미에서 제기된 '선교적 교회론'missional church은 한국 교회가 우리의 상황에서 주체적으로 적용해야 할 도전이기도 합니다. '삼위일체 하나님의 생명을 살리는 선교'는 교회 중심 선교가 아니라 선교 중심 교회를 의미하며, 모이는 교회뿐만 아니라 창조적 긴장 관계 속에서 균형을 유지하며 흩어지는 교회를 말합니다.

이런 선교 신학적인 의미에서 양광모 목사님의 '여섯 평 카페의 기적 같은 이야기 『고백 에클레시아』'는 변화된 목회와 선교 환경에 처해서 새로운 패러다임을 갈망하는 한국 교회에 신선한 충격과 도전이 됩니다. 생각은 쉽게 할 수 있지만 내려놓고 새로운 행동을 하기는 쉽지 않기 때문입니다. 이 책에서 우리는 한 목회자가 시대의 도전을 성찰하고 고민하며 기도하는 가운데 전통적인 구습을 벗어 버리고 새로운 목회와 선교의 장을 열어 가며 경험한 삶과 사역의 이야기들을 진솔하고 따스한 감동으로 만나게 됩니다. 양광모 목사님은 '본토 친척 아비 집'을 떠난 아브라함처럼, 가나안을 향하여 출애굽한 이스라엘 백성들처럼 기성 교회의 안전한 성전을 떠나 세상 속의 천막으로 나아가서 현대인들의 고민, 가정사, 영적 도전들을 대면하며 복음의 증인이 되고 있습니다. 그야말로 현대인과의 접촉점으로 '지역에 살고 있는 불신자들 속으로 들어가서 그들과 함께 시간과 공간을 공유하는 장'인 '근접 공간'을 창조하여 만남, 나눔, 대화, 축제의 선교를 수행하는 현대 도시 속의 선교사의 모습을 보여 줍니다. 비록 미국의 세이비어 교회에서 지혜를 얻고 카페와 교회 개척을 시도했지만, 척박한 목회와 선교 환경에서 '새 부대 만들기' 선교를 시도한 점을 높이 평가할 수 있습니다. 이는 교회 중심적인 목회와 선교의 전통을 깨뜨리고 새로운 목회와 선교의 장을 열어간다는 의미에서 축하하고 박수를 보낼 쾌거라고 생각합니다. 이는 현대의 융합이요, 목회와 선교의 융합이며, 교회의 본질로 돌아가는 몸부림이라고 할 수 있습니다.

양광모 목사님은 "내가 이미 얻었다 함도 아니요 온전히 이루었다 함도 아니라 오직 내가 그리스도 예수께 잡힌 바 된 그것을 잡으려고 달려가노라"빌 3:12고 고백한 사도 바울처럼 달려가며 현대판 선지자처럼 외치고 있습니다. 교회여 본질로 돌아가라!Go Back ekklesia

전통의 낡은 형식에 얽매이지 않고 성령의 새로운 창조의 능력 아래 있는 교회와 선교를 추구하는 구도자적 목회자들에게 이 책은 경험에서 우러나는 지혜와 통찰력을 제공해 줄 것이라 믿습니다. 정말 하나님 나라와 그의 의를 추구하는 몸부림, 교회의 본질을 희구하는 애타는 심정, 내려놓음과 비움과 낮아짐으로 연약함의 밑바닥에 떨어져도 포기하지 않는 야성의 도전 정신을 느낄 수 있어서 좋았습니다. 이 책의 출판으로 많은 영혼들에게 사막의 오아시스 같은 감동과 도전을 주기를 기원합니다. 아울러 이 책을 통해 4차 산업혁명 시대에 부응하는 새로운 목회와 선교의 실험과 패러다임을 창조하는 일이 더 많아지기를 기대합니다. 목회자와 선교사뿐만 아니라 신학생과 일반 평신도들에게도 일독을 권합니다. soli deo gloria!

_김영동 교수(장신대학교 선교학)

우리 교단[대한예수교장로회 통합]의 2017년 총회 주제가 '거룩한 교회 다시 세상 속으로'입니다. 양광모 목사님의 책을 읽으며 카페 에클레시아와 바로세움정립교회가 이 주제에 가장 부합하는 교회라는 생각이 들었습니다. 오래전 저는 양광모 목사님께 풀러 신학대학원에서 목회학 박사 과정을 공부해 보는 것이 어떻겠느냐고 권면했습니다. 그리고 진심을 다해 추천서를 써 주며 격려했던 기억이 납니다. 그리고 꽤 오랜 세월이 흐른 지금, 양 목사님은 이 시대에 필요한 교회를 세우기 위해 지난 5년간 특별한 시간을 보냈습니다. 자신이 공부한 내용을 바탕으로 온몸을 바쳐 '선교적 교회'를 개척했고, 카페 에클레시아를 도구로 사용해 세상을 향해, 지역의 이웃들을 향해 실천하고 노력하는 목회를 펼쳐 내는 것을 보며 참으로 감사한 마음이 듭니다.

앞으로 우리 시대의 교회는 일반적으로 말하는 좋은 교회를 뛰어넘어 한국 교회와 한국 사회를 살리고 섬기는 교회가 되어야 한다고 생각합니다. 무엇보다 이 책에는 이러한 고민과 실천이 잘 담겨 있습니다. 교회가 비판의 대상이 되어 버린 현실 속에서 좌절하고 절망하기보다는 어떻게 하면 건강한 교회로 돌아갈 것go back인가에 대한 고민이 이 책에 고스란히 담겨 있습니다. 아니, 고민의 단계에서 더 나아가 교회와 세상을 섬기기 위해 자신의 자리에서 최선을 다해 애쓰고 있는 생생한 목회 현장의 모습이 이 책에는 고스란히 담겨 있습니다.

여섯 평 작은 카페 에클레시아에서 벌어지는, 작지만 기적 같은 이야기를 읽으며 제 가슴도 뜨거워졌으며, 바로세움정립교회 성도들의 고백을 읽으며 그곳에서 역사하시는 하나님께 감사했습니다. 이 시대의 예언자와 같은 목회자로 살아가라는 저의 격려를 마음에 담았던 양광모 목사님의 책은 교회가 어떻게 세상 속으로 다가가야 할지 함께 고민하고 대안을 찾을 수 있는 도전을 주는 책입니다. 이 땅의 교회에 여전히 희망이 있음을 믿고 격려받게 되는 책입니다. 건강한 교회를 소망하는 이 땅의 모든 분들에게 추천해 드립니다.

_주승중 목사(주안장로교회 위임 목사)

양광모 목사님의 글은 상아탑의 안락의자에 앉아서 작성된 글이 아닙니다. 치열한 목회 현장 속에서 고민하고 성찰하고 반성하는 과정을 거쳐서 온몸으로 작성된 글입니다. 왜곡되고 잘못된 방향으로 가고 있는 현실에 적당히 타협하기보다는 온몸으로 부닥치면서 새로운 도전과 돌파를 시도하는 가운데 한국의 그리스도인들에게 새로운 방향을 제시해 주고 있습니다. 홍해 앞의 이스라엘 백성들에게 외쳤던 모세의 신앙의 외침이 오늘 우리 귀에도 들려오고 있습니다. 낙타 털옷을 입고 메뚜기와 석청을 먹으면서 광야에서 "회개하라"고 부르짖었던 소리를 오늘날 또 다시 들을 수 있습니다.

양광모 목사님의 고백Go Back 에클레시아는 매우 입체적인 글입니다. 특히 교회론적으로 매우 의미심장한 글입니다. 교회의 본질이 무엇일까요? 교회는 무엇을 하는 곳입니까? 교회의 사명과 책임이 분명하지 못할 때 온갖 세상의 풍조들이 슬그머니 들어와서 교회의 교회다움을 잃어버리게 됩니다. 그리하여 세상의 여타 기관들과 구분됨을 잃어버린 현실을 매우 구체적으로 세밀하게 지적합니다. 그리고 다시 교회의 본질로 돌아가서 복음을 전파하는 본래적 사명을 회복할 것을 주장합니다. 그의 주장은 또 하나의 공허한 구호로만 그치지 않습니다. 본인의 삶의 실천이 동반되기에 그것은 호소력과 설득력이 결부된 하나의 대안이요 모델이 됩니다. 본질의 회복에 필요한 깊은 신학적 성찰과 더불어서 실천 현장에서 구체적으로 취해야 하는 행동 전략까지 제공해 줍니다.

오늘날 이 땅에서 교회가 처한 위기 앞에서 고통받고 괴로워하며 신음하는 하나님의 백성들에게 이 책은 '무더운 추수 날의 얼음냉수'와 같은 신선함과 위로와 용기를 주는 책입니다. 특히 미래 목회와 선교를 준비하는 사람들은 꼭 책장에 꽂아 놓고 두고두고 읽고 반추해야 할 필독서입니다. 이 책이 한국 교회의 개혁과 부흥을 알리는 신호탄이 되기를 소원합니다.

_장남혁 교수(서울장신대학교 선교학)

양광모 목사님을 만난 지 27년이 지났습니다. 군대에서 막 제대하고 개척 교회였던 창조교회를 함께 섬기던 시절이 새록새록 생각납니다. 참 섬세하면서도 자신의 자리를 정확히 지키는 보기 드문 청년이었습니다. 세월이 지났고 많은 일들이 지나갔습니다. 그럼에도 목사님은 제가 처음 봤을 때부터 지금까지 하나님 앞에서 변함없는 기준을 갖고 계십니다. 언제나 섬세하게 사람들을 대하고 일처리를 하십니다. 무엇보다도 주님과 그분의 교회를 향한 뜨거운 열정이 삶 속에 흐르는 분입니다.

카페 에클레시아라는 새로운 공간에서 새로운 영혼을 만나고 섬기며, 전통적인 교회의 제도와 관습에서 한걸음 물러선 사람들을 향해 쏟아내는 이 시대의 교회를 향한 진한 고민의 향기가 배어 있는 그의 글들을 대하며, 교회 테두리 안에만 있는 제 자신의 모습을 많이 반성했습니다. 제가 미국 세이비어 교회와 토기장이의 집 스태프를 만나면서 받았던 신선한 충격보다, 캐나다 온타리오 구엘프에 위치한 로욜라 하우스 라브린스 의자에서 가졌던 생각보다, 깊고 진한 잔상이 마음에 남습니다.

복음과 교회의 본질을 다시 생각해야만 하는 이때에, 목사님의 글에서 선교적 교회란 무엇인가에 대한 고민과 대안을 듣습니다. 아직도 우리 안에 살아 역사하시며 영혼들을 얻으시고 복음의 영광을 드러내시는 우리 주 예수 그리스도에 대한 견고한 확신을 이 책의 고백과 함께 고백할 수 있었습니다.

인격과 고백이 그대로 글로 이어지는 일이 참 드문 때입니다. 커피의 맛과 향을 내던 오랜 내공이 글로 스며들어 있는 양광모 목사님의 글은 읽는 것만으로도 마음이 싱그러워지게 됩니다. 감사하는 마음으로 즐겁게 읽었습니다. 목사님에 대한 사랑과 관심 때문에 이 글을 씁니다. 이 책을 통해 하나님이 사랑으로 자기 백성들에게 들려주시는 예리한 음성을, 이 땅의 예수님의 제자들이 더 많이 듣게 되기를 타는 목마름으로 기도합니다.

_홍기영 목사(창조교회)

오늘날 세상은 교회에 대해 많은 것들을 지적합니다. 그 교회의 일원으로 살아가는 우리들은 과연 그 지적에서 얼마나 자유로우며 '나는 아니다. 나와는 무관하다'라고 할 수 있을지 자문해 보곤 합니다. 그러다가도 곧잘 '인간이기에 어쩔 수 없다'라는 자기 합리화로, '그래도 세상 사람들보다는 낫다'라는 안도감으로 위안을 삼곤 했는데 이 책을 읽는 내내 숨을 곳이 없이 낱낱이 까발려지는 내 자신의 모습을 볼 수 있었습니다.

교회 사람들의 무례함, 기독교를 믿는다는 사람들의 비인격적인 삶의 자세와 태도, 자기중심적인 몰상식함, 물질 중심의 세속적 가치관이라는 표현들이 저와 상관없는 단어가 아니었기 때문입니다. 이 책은 이 시대의 기독교인들이 전도에 대한 새로운 인식을 갖기 위해서라도 꼭 읽어 봐야 할 책입니다. 하나님을 뜨겁게 만난 사람이라면 누구나 많은 친구들과 이웃에게 전도하고, 그런 과정을 통해서 많은 사람들을 믿음 생활로 안내하지만, 때로는 다른 사람을 배려하지 않는 일방적인 태도로 믿지 않은 사람들에게 좋지 않은 영향을 줄 수도 있었을 것입니다. 과정이 미숙하였든 결과가 어떠했든 간에 분명한 점은 우리의 전도 행진은 그러저러한 이유들로 멈출 수는 없다는 것입니다. 상식이 통하지 않는 무분별한 시대로 치닫고 있는 이 시대를 살아가며 때가 급할수록 가장 귀한 역사는 바로 한 영혼을 얻는 것이고, 한 영혼을 얻는 것은 바로 세상 한가운데에 있는 나 자신의 인격의 변화에 달려 있을 수 있다는 것 또한 이 책을 통하여 다시금 깨닫습니다.

이 책을 읽은 이 시대의 기독교인들이 성화의 과정을 거쳐 이제라도 세상의 빛과 소금의 역할을 감당할 담대한 전도자가 될 수 있기를 기도합니다. 또한 하나님이 주인이 되시고 하나님이 세우신 바로세움정립교회가 불신자와 신자들의 교류의 장인 카페 에클레시아를 통하여 계속해서 생명의 열매를 넘치도록 맺어 가도록 이 책이 선한 도구가 되기를 기도합니다.

_이희수 원장(이희수 소아청소년과의원)

약 5년 전 우연한 기회에 날아가는 비둘기 형상과 더불어 읽고도 발음하기도 어려운 'ekklesia'라는 카페를 발견했습니다. 커피 맛도 인상적이었지만 사장님도 기억에 남아 카페 이름을 찾아보니 '기독교도의 모임'으로 사용되면서 '교회'를 의미하는 단어임을 알게 되었습니다. 사장님은 목사님이었는데, 교회의 사례금으로 생활하며 현실에 안주하는 한국 교회의 전형적인 목사들의 자세와는 확연히 달랐습니다. 평소에는 일반 교인이나 다름없이 바리스타로서 생업에 종사하며 스스로 생계를 책임지는 자비량 목회 활동을 실천하시는 분이었습니다. 카페이면서 교회의 의미를 지닌 이곳 에클레시아를 운영하며 화려하고 큼직한 성전을 짓는 목회자의 모습이 아니라 일상 속에서 사회와 함께하는 기독교 이념을 실천할 수 있는 목회 사역의 새로운 교회 모델을 실천하고 계셨던 것입니다. 목사님의 마음이 담긴 이 책을 읽으며 스스로 옳다고 생각하는 것을 실천하고 행동하는 삶이 얼마나 어려운 일인지 개신교 신자가 아닌 제게도 고스란히 전달되었습니다. 카페를 열고 생계를 유지하기 위해 택시 운전까지 하는 감히 상상하기 힘든 어려움을 겪으면서도 바리스타, 로스터 자격뿐만 아니라 큐그레이더Q_Grader 자격까지 겸비하신 대목에서는 고개가 절로 숙여졌습니다. 저는 아직 목사님의 신앙과 행복의 큰 의미를 헤아리기는 어렵고 어떤 종교적 신념이 옳고 그른지 논할 수도 없습니다. 그러나 지난 5년간 옆에서 지켜본 양광모 목사님의 실천적인 삶에 대해서는 경의를 표하고 싶습니다.

_이기동 대표이사(세종투자(주))

처음 우리가 만났을 때에도 저는 사람들이 듣고 싶어 하는 가식적인 이야기를 했던 것 같습니다. 양광모 목사님은 제 속마음을 들여다보고 계셨으면서도, 굳이 애써 지적하려 하지 않으셨습니다. 오히려 그 속에 감추어진 아무도 모르는 제 슬픔을 알아보고 눈물을 닦아 주셨고, 지금까지도 저를 믿고 기도해 주고 계십니다. 이토록 제가 의지하고 사랑하는 양광모 목사님이 바로세움정립교회와 카페 에클레시아 사역을 시작하셨을 때, 저는 한편으로는 걱정이 되었습니다. 하지만 목사님의 믿음과 비전을 알고 있기에 너무 멋지고 아름다운 결정에 뜨거운 응원을 보내 드렸습니다. 목사님의 책을 읽으며 얼마나 어려운 현실의 문제들과 맞서야 했는지 알게 되었습니다. 생계유지라는 현실적인 문제를 만났을 때, 목사님이 자존심을 내려놓고 가장 낮은 자리에서 자신의 열정과 비전을 포기하지 않고 꿋꿋하게 나아가려 했던 부분을 읽을 때는 제 자신이 부끄러워 책을 덮고 어디론가 숨고 싶었습니다. 초라한 판잣집 같은 곳에서 살아야 했던 어린 시절, 이웃의 2층 식당집이 부러워 친구들과 그 집 옥상을 올라가다 계단에 다리를 베어 피범벅이 되었던 기억이 떠오릅니다. 그때 그 다친 저를 보고 놀라서 오신 제 어머니를 앞에 두고 이웃집 주인아주머니는 “거지새끼가 여기 왜 왔어? 빨리 나가!”라고 소리를 질렀습니다. 이제는 딱딱하게 굳어서 아무렇지도 않다고 생각하지만 어떤 계기를 만나기만 하면 그때의 그 모멸감이 남긴 생채기는 아직도 제 마음속에서 생생한 고통으로 다시 살아납니다. 그리고 제 인생 여정 내내 물질에 대한 집착에서 자유로울 수 없었다는 점을 깨닫습니다. 그래서 목사님의 쉽지 않은 고백이 저에게 큰 도전이 됩니다. 이 책을 읽으며 돈의 노예가 되지 않겠다는 결단을 다시 하게 되었습니다. 바라기는 저와 같은 삶의 모습을 지니고 있는 신앙인들이 목사님이 쓰신 이 책을 통해 저처럼 변화의 의지와 결단으로 성장하는 한걸음을 내딛으면 좋겠습니다.

_송정엽(소화기내과 전문의 한국건강관리협회 경기 지부)

감사의 글

지금까지 걸어온 제 모든 목회 여정이 하나님의 은혜의 장이었음을 고백합니다. 비서실장과 사역조정실장으로 사역했던 5년 가까이 날카로운 통찰력과 섬세한 멘토링으로 저를 성장시켜 주셨고, 개척의 여정 내내 물심양면으로 지지해 주신 지구촌교회 이동원 원로 목사님께 진심으로 감사드립니다. 더불어 기쁜 마음으로 저의 졸고에 추천의 글을 써 주신 분들께 깊이 감사드립니다. 이 시대를 살아가는 목회자가 무엇을 지향해야 하는지 눈뜨게 해 주신 PPL재단 대표 김동호 목사님, 더없이 따뜻하게 저의 목회 도전을 격려해 주신 CTS 부회장 이민우 목사님, 따뜻한 사랑으로 언제나 마음을 열어 주신 실천신학대학원대학교 박원호 총장님, 30년 가까운 세월 동안 늘 든든한 형님으로 울타리가 되어 주신 동안교회 김형준 목사님, 선교적 교회 지향 목회를 기뻐하며 지지해주신 장로회신학대학교 김영동 교수님, 늘 시대의 예언자가 되라고 격려하고 도전해 주신 주안교회 주승중 목사님, 건강한 선교적 교회론을 정립할 수 있도록 이끌어 주신 서울장신대학교 장남혁 교수님, 부교역자로 섬겼던 10년 동안 애정으로 품어 주신 창조교회 홍기영 목사님, 우리 아이들의 평생 주치의이자 전도 동역자인 소아과전문의 이희수 선생님, 지난 5년간 변함없이 제 커피를 사랑하고 저의 목회를 존중해 주신 세종투자주식회사 이기동 대표님 그리고 저의 평생 주치의이자 믿음의 형제인 내과전문의 송정엽 선생께 감사드립니다.

지난 5년 동안, 하나님이 기뻐하시고 기대하실 건강한 교회 공동체 설립 목표에 동참하여, 수고의 짐을 나누어 지고, 기쁨으로 함께 걸어온 바로세움정립교회의 모든 지체들과, 자신들을 카페 에클레시아 직원이라 말하며 한 가족처럼 동고동락하는 '에클레시아' 멤버들에게 감사를 드립니다.

끝으로 부족한 아들을 위해 불철주야 기도로 지원해 주시는 부모님과 우리 장모님, 변함없는 사랑과 헌신으로 섬겨 준 사랑하는 아내 권은미 그리고 우리 부부의 너무도 소중한 보물인 아들 하람이와 딸 예람이에게 뜨거운 사랑의 마음을 전합니다. 저의 또 한 분의 어머니이자 영적 멘토이셨던 故 최옥주 전도사님이 참 많이 그립습니다.

2017년 10월 29일
역사적인 날인 종교개혁 500주년 기념주일 밤에
부족한 종 양광모

프롤로그_

교회 본질로 Go Back

'에클레시아'라는 이름의 '단톡방'이 있습니다. 가입 멤버가 겨우 14명인 '단체 메신저 대화방'인데, 그중에 남자는 저 한 사람뿐이고 나머지 13명이 모두 '아줌마'입니다. 거의 매일 아침 만나서 커피를 마시며 삶을 나누는 이 멤버들은 4년 넘게 만나 오면서 이제는 이미 한 식구가 된 카페 '에클레시아'의 단골손님들입니다. 단톡방의 이름을 짓는 일이나 가입 멤버를 받아들일 것인지에 대해서는 제가 결정하지 않습니다. 제가 이 정겨운 모임에서 한 일이라고는 가족처럼 매일 얼굴을 보는 이웃들의 소통 공간을 만들어 보자고 제안한 것뿐입니다. 저의 제안에 멤버 한 분이 단톡방의 이름을 '에클레시아'라고 정했습니다. 그분의 초대에 저를 포함해 총 14명이 응했고, 그렇게 우리의 만남은 온라인상으로 지경을 넓히게 되었습니다. 오늘도 단톡방 '에클레시아'는 아줌마들의 밝고 즐거운 수다로 떠들썩합니다. 저희 멤버 중 기독교 신앙과는 거리가 먼, 유교 문화권에서 자란 멤버 한 분이 있습니다. 그분이 저에게 했던 말이 좀처럼 머릿속에서 떠나지 않습니다.

"카페 에클레시아에서 목사님을 만나면서 제가 왜 그동안 기독교에 대해, 교회에 대해 그토록 마음이 불편했는지 알게 되었어요. 교회 다니는 사람들의 '무례함' 때문이었어요. 그런데 강압적이거나 일방적인 전도나 포교 없이 이웃의 삶을 존중하는 태도로 교류하며 가족처럼 대하는 목사님의 모습을 보면서 기독교에 대한 마음의 벽이 허물어지기 시작했어요."

무례함

어느 날 40대 초반으로 짐작되는 여자 분이 카페 문을 열고 들어왔습니다. 그 손님은 메뉴판을 둘러본 후 따뜻한 카페 라테를 주문했습니다. 늘 그렇듯 정성껏 에스프레소 원액을 추출하고 우유로 거품을 내서 따뜻한 라테를 만들어 드렸습니다. 커피를 들고 자기 자리로 돌아간 여자 분이 잠시 후 못마땅하다는 표정으로 저에게 말했습니다.

"우유가 덜 데워졌잖아요. 왜 이렇게 차가워요. 이러면 안 되는 거 아니에요?"

가끔 이런 반응을 보이는 손님이 있긴 하지만 그 여자 분의 음성은 좀 더 날카롭게 들렸습니다. 이런 경우에 늘 하는 대답으로 저는 여자 손님에게 설명했습니다.

"손님, 우유 거품을 내는 적정 온도는 65도입니다. 68도가 넘어가면 우유의 단백질과 아미노산이 분리되어 탄 냄새가 나고 얇은 막이 형성됩니다. 70도가 넘어가면 우유 비린내가 나서 카페 라테의 고소한 맛이 없어지죠. 카페 라테의 향과 맛을 살리려면 지금 온도가 가장 적당합니다."

천천히 민망해 하지 않도록 설명했지만 그 손님은 여전히 미간을 찌푸린 채 제 설명을 전혀 들으려 하지 않았습니다. 그런 경우는 고객이 더 마음 상하기 전에 조치를 취하는 것이 현명한 행동입니다. 그래서 이렇게 말했습니다.

"평소 드시던 것에 비해 맛이 많이 다르게 느껴지시면 새로 만들어 드릴게요."

그러고는 얼른 커피 원액을 다시 추출했습니다. 좀 더 높은 온도로 우우 거품을 만들었습니다. 반 정도 남은 그 손님의 커피 잔을 돌려받고 새로 만든 라테 잔을 내주었는데 여자 분의 얼굴은 여전히 편치 않아 보였습니다. 그런데 잠시 후 조금 전의 상황과는 비교가 되지 않을 정도로 저를 당황스럽게 만드는 장면이 펼쳐졌습니다. 카페 에클레시아는 평소 가벼운 클래식 곡들 중간 중간에 복음성가 연주곡을 몇 곡 섞어 틀어 놓습니다. 그런데 방금 전까지만 해도 이마를 찌푸리며 불만을 표현했던 그 손님이 언제 그랬냐는 듯이 밝은 표정으로 복음성가를 콧노래로 따라 부르고 있는 것이었습니다. 아……!

2011년 4월경 한 인터넷 게시판에 올라온 글 한 편을 소개해 드립니다.

> 우리 가게 맞은편 교회 사람들
> 비가 오나 눈이 오나 항상 어깨에 ◯◯교회라고 적힌 띠 매고
> 동네를 청소하는 모습을 보고
> '아, 교회에서 좋은 일 많이 하는구나' 하고 좋게 생각했는데
> 방금 아줌마 세 명이 내가 일하는 가게에 찾아와서
> 예수 믿으라고 15분 동안이나 설교하고 쳐 나갔다.
> 남의 영업하는 집에 와서 깡패도 아니고
> 자기들 할 말만 계속 무한 반복으로 지껄이다가 갔다.
> 청소해서 이미지 좀 좋아진 것
> 저런 식으로 다 까먹는다.
> 역시 개독들은 무엇 같다는 이미지만 잔뜩 심어 놓고 갔다.
> 그것들 금요일에 또 온댄다.
> 한 여자가 우리 가게에서 물건 사 간 적 있다고 해서
> 욕도 못하고…… 이런 뭣 같은 경우가 다 있나!

오늘날 우리나라의 많은 사람들이 기독교를 다른 말로 표현하고 있습니다. 이 글에서 나온 '개독'이라는 단어입니다. 이 '개독'이라는 단어에는 두 가지 의미가 담겨 있습니다. 그중 하나는 객관적이고 중립적인 표현입니다. 천주교와 구분하여 '개신교 기독교'를 일컬을

때 쓰는 말입니다. 그런데 또 하나는 듣기도, 또 입에 담기도 민망한 부정적 의미를 담고 있습니다. 세상에서 욕할 때 흔히 쓰는 '개'라는 접두사를 기독교와 합해서 만든 말이기 때문입니다. 예를 들면, 상황 파악도 하지 않고 무례하게 함부로 행동하는 사람을 일컬을 때 쓰는 '개망나니'나, 수습이 불가능할 정도로 어질러진 엉망진창의 상황을 일컫는 '개판' 등의 단어가 그것입니다. 그런데 이런 표현을 한국의 개신교 전체에 쓰는 것입니다. 타락한 종교의 이미지를 나타내기 위해 개신교를 비하하는 표현으로 쓰고 있습니다. 그리고 이런 현상은 기독교를 믿는다는 사람들의 삶의 자세와 태도에서 기인합니다. 기독교인이라고 하면서 그 속에 윤리가 없고 관용과 희생이 없습니다. 예수를 믿는다고 하는 사람들이 인격적이지 못하고 합리적이지도 않습니다. 교회에는 다니는데 그 삶은 지독하게도 자기중심적이고 매우 몰상식합니다. 바로 이런 문제들이 세상과 세상의 사람들이 우리를, 교회를, 기독교를 비하해서 '개독'이라고 부르게 하는 원인입니다. 유명한 정치인이나, 대기업의 총수 그리고 성직자라고도 불리는 목회자까지, 요즘 세상에는 그리스도인답지 못한 그리스도인을 어렵지 않게 볼 수 있습니다. 그리스도인이라면 그리스도인다운 아름다운 삶으로 세상 사람들과 다른 점을 보여야 합니다. 하지만 세상의 상황을 명확히 인식하지도 못한 채 세상과 사뭇 괴리가 있는 모습을 보여 왔습니다. 그런 오늘의 한국 교회와 우리나라의 기독교인들을, 세상은 자기 이익만 고집하는 무례한 태도의 종교인들로 규정합니다. 이처럼 세상의 요구와 기대를 도외시한 채 자기주장만 하는 것으로 비쳐진 한국 교회는 불신의 대상으로 전락하였으며, 아무리 진리를 선포한다 해도 세상이 교회를 외면하는 오늘의 현실에 이르게 된 것입니다.

무거운 과제

이런 충격적인 사실은 그동안 한국 교회가 보여 온 모습들을 통해 이미 예견된 당연한 결과입니다. 그동안 한국 교회는 서구사회에서 형성되고 체계화된 신학, 이 땅의 토양에 맞게 정비하지 않고 옮겨 온 신학을 지속적으로 배우고 전파해 왔습니다. 그러나 그 신학은 우리나라 국민들의 삶이나 문화와는 많은 차이가 있는 신학입니다.

그리고 이것은 세상과 만나는 접촉점을 잘못 이해하는 결과의 한 원인이 되었습니다. 마치 우리나라가 오랜 기독교 국가인 것처럼 생각하는 분위기 속에서 권위주의적인 교회론이 성장한 것입니다. 이로 인해 교회는 로마 가톨릭교회가 절대적으로 권력을 행사하던 교권주의 시대의 사고방식으로 한국 사회를 대하게 되었습니다. 교회의 영향력이 미치는 지역에 사는 사람들은 모두 잠재적인 그리스도인들이라는 의식을 가지고 권위적인 태도로 일방적인 복음 전파의 방식을 취해 온 것입니다. 예를 들면 지역 교회의 이름을 지을 때 '중앙'이나 '제일'과 같은 단어들을 넣는 경우가 많은데, 이것은 교회가 그 지역의 중심이라는 지극히 교권주의적인 개념을 가진 증거라고 생각합니다.

그런데 문제는 이러한 한국 교회의 자기중심적 인식과는 다르게 현대 사회로 넘어오면서 기독교나 교회에 대한 세상 사람들의 인식이나 반응은 매우 빠르게 부정적으로 바뀌었다는 것입니다. 하지만 한국 교회는 이런 변화된 세상의 반응을 파악하는 데 예민하지 못했고, 이것이 위기 상황임을 인식하는 데도 실패했습니다.

최근 들어 한국 교회는 신앙의 본질인 복음이 약화되고, 성경 중심의 신앙관이 오염되었으며, 그 틈을 물질 중심의 세속적 가치관이 점령해 버렸습니다. 그 결과 내면의 성숙이나, 그리스도인이 삶에서 추구해야 마땅한 바들은 교회들의 우선순위에서 밀려나 버렸습니다. 적지 않은 그리스도의 몸된 교회의 지체들이 세속화에 물들어, 세상의 부유함을 가장 중요한 가치 기준으로 여기게 되었습니다. 이것이 한국의 그리스도인과 교회들이 마주한 현실입니다. 특히 일부 몰지각한 교회들은 구원의 방주이며 영원한 삶의 길을 안내하는 이정표로서 교회가 마땅히 가져야 할 정체성을 상실한 모습을 보여 주기도 합니다. 내세의 구원만이 유일한 목표인 것처럼 현세의 삶에서 자기 역할과 과제에 대해 고민하도록 도전하지 않고, 오로지 현재의 삶에서 만족을 추구하는 종교 집단과 같은 모습을 보여 주고 있습니다.

교회와 그리스도인들의 이런 모습에 실망한 세상은 더 이상 교회를 세상의 소금과 빛으로 인정하지 않게 되었습니다. 일부 부끄러운 모습을 보여 준 교회와 교회 지도자들에 대한 불신은 세상 사람들이 교회에 대하여 기대하는 마음을 거두게 만들었습니다. 오히려 한국 교회는 세상 사람들에게 지탄의 대상이 되고 말았습니다. 이런 모습들이 모아져 결국 한국 교회와, 한국 교회 목회자와, 한국 교회 교인들의 신뢰도가 바닥에 떨어지고 만 것입니다. 특히 사교적인 연결망을 제공하는 서비스인 SNS Social Network Service가 급속히 발달한 현대 사회에서는 교회의 이런 모습들에 대한 매우 부정적인 표현이 활발하게 전해지고 있습니다. 이런 정서들을 극복하는 것은 이제 더 이상 미룰 수도 없고 미루어서는 안 되는 시급한 과제입니다.

도전과 결단

저는 이러한 현세를 살아가고 있는 목회자의 한 사람으로서 적지 않은 자괴감과 무력감에 시달려 왔습니다. 하지만 이런 현실에 낙심하고 절망하며 한국 교회의 미래에 대한 소망을 접어 버린다면 그것은 결코 하나님이 기뻐하시는 태도가 아닐 것입니다. 뿐만 아니라 예수 그리스도를 통해 이 나라를 비롯한 온 인류에게 베푸신 구원의 은혜에 부응하는 자세도 아닙니다. 이런 현실에 대한 냉철한 진단이 이루어졌음에도 불구하고, 변화와 개혁을 주저하며 여전히 안정된 목회, 부흥이라는 말로 합리화한 외적 성장을 지향하는 목회, 현세의 만족스런 삶을 지향하는 목회의 자리만 고수하려 한다면, 이 시대, 이 땅의 교회들에 찾아온 위기를 외면하는 직무유기입니다.

　마침내 찾아올 이런 위기의 파도에 저뿐만 아니라 제가 몸담은 교회 공동체마저도 휩쓸려 좌초하고 말 것이라는 위기감이 저를 괴롭혔습니다. 이런 고민이 절정에 달했던 지난 2012년도의 어느 날, 저는 40년이 넘은 역사를 가진 전통 교회의 담임 목사 자리를 내려

놓고, 이 위기의 때에 희망이 될 건강한 교회를 설립해야겠다는 도전을 받아들였습니다.

물론 넘어야 할 산이 얼마나 높을지 가늠할 수 없는, 결코 쉽지 않은 여정일 것이라 생각했습니다. 하지만 더 이상 머뭇거릴 수는 없었습니다. 계란으로 바위 치기라는 말이 떠오르는 행보의 시작이었습니다. 하지만 이 위기의 현실을 극복하고 어두운 미래를 밝게 비출 수 있는 대안을 마련하기 위해 몸부림이라도 쳐야 했습니다.

이 위기를 타계할 수 있는 대안은 건강한 신앙으로 무장된 균형 잡힌 그리스도인들을 배출해 내는 건강한 교회 공동체를 설립하는 것이었습니다. 그리고 그 교회를 통해 세상과 교류하고 세상의 신뢰를 회복하여 복음의 진정한 가치를 전달하는 것이라는 결론에 이르렀습니다.

건강한 교회는 교회의 본질에 충실하며 그 고유한 기능이 생생하게 작동하는 공동체입니다. 존재의 이유를 바로 알고 세상의 사람들이 기대하며 요구하는 말에 진지하게 귀를 기울이는 교회. 병든 오늘의 세상에 유일한 치료제인 복음의 능력을 통해 돕고 섬기고 채워 주어야 하는 역할에 충실한 교회. 예수 그리스도께서 그러셨던 것처럼 성육신적으로 접근하는 큰 패러다임을 가진 교회. 사람들 속으로, 그들의 가정 속으로, 그들의 삶 속으로 깊이 들어가서, 그들의 이야기를 들어주고 함께 아파하며 그들의 상처를 치유하고 그들의 필요와 요구를 듣고 그에 대한 성경적이고 복음적인 해답을 그들의 언어, 관습, 코드에 맞게 제시해 주는 건강한 교회. 그런 지역 교회가 필요하다고 생각했습니다. 저는 이런 지역 교회를 꿈꾸며 이미 관심을 가지고 주시해 왔던 한 교회를 모델로 해서 교회를 개척하기로 결단했습니다.

그 교회가 바로 미국의 '세이비어 교회'입니다. 세이비어 교회는 지역 주민들에게 다가가 말과 글로 그리스도를 전하자는 취지를 가지고 1947년 서점과 카페를 겸한 '토기장이의 집'을 워싱턴 D. C.의 빈민 지역인 애덤스 모건에 열면서 시작되었습니다. 이후 이곳은 신자와 불신자가 함께 교제하고 복음을 나누는 장소가 되었습니다. 세이비어 교회는 교인이 150명 정도이지만 영향력은 미국에서 몇 손가락 안에 들 정도로 대단합니다. 주로 소그룹을 통해 노숙인, 마약 · 알코올중독자, 빈민 등 소외된 이웃들을 섬기는 200여 개 사역을 촘촘히 진행하고 있습니다.

저는 세이비어 교회가 교회 개척의 형태로 선택한 도구에 주목했습니다. 그것은 서점과 카페를 겸한 '토기장이의 집'인데, 이 시대에 급속히 퍼지며 자리 잡은 한국의 카페 문화와도 매우 융화가 잘되는 새롭고 훌륭한 교회 개척의 형태라고 판단했습니다. 그래서 저는 안정적인 전통 교회의 기득권에 안착하지 않기로 결단하고 담임 목사직을 사임했습니다. 그리고 카페를 통해 세상과 소통하는 새롭고 건강한 교회 개척에 도전하게 되었습니다.

건강한 교회를 향한 몸부림

이 책을 통해 저는 건강한 지역 교회를 꿈꾸며 그동안 제가 진행해 온 목회 여정을 소개하고자 합니다. 저는 이 시대 문화 추세에 맞추어 카페를 이용해 지역사회와 교류하며, 신자와 불신자들이 자유롭게 공존하고 교제하는 장으로 제공해 왔습니다. 좌충우돌 제가 걸어온 이 여정은 복음이 증거되는 교회를 꿈꾸는 현장의 몸부림이기도 합니다. 제가 섬기고 있는 바로세움정립교회가 사역의 도구로 선택한 카페 에클레시아는 지역의 이웃들에게, 또한 작지만 건강한 지역 교회를 기대하는 분들에게 이런저런 영향을 끼쳐 왔습니다. 저만 해도, 교회를 개척해 지금까지 사역을 진행해 오는 과정에서 세상에 대해 깊이 배우게 되었습니다. 더불어 목회에 대한 새로운 깨달음을 얻었을 뿐만 아니라, 위기에 처한 한국 교회가 함께 넘어야 할 과제들에 대해 깊이 고민하게 되었습니다. 또한 제가 사역하는 교회와 카페를 찾아와 함께 고민을 나누었던 목회자나 목회 준비생들이 새로운 목회 모델에 대해 도전을 받고 돌아가는 모습도 보았습니다. 카페라는 작은 공간을 통해 이 세상 속에, 신자들의 삶 속에 건강한 교회를 세우기를 바라는 우리의 꿈을 함께 나눌 수 있기를 바랍니다. 바로세움정립교회의 비전과 개척 과정에서의 소소한 성공과 실패의 경험이 이 시대 교회의 존재 이유를 묻는 그리스도인들과 목회의 방향을 고민하는 목회자에게 조금이라도 도움이 되기를 간절히 소망합니다.

"카페 에클레시아는 나의 기호를 존중해 준다. 특정한 맛이 더 좋은 맛이라고 강요하지 않는다. 원두도 로스팅도 커피도 잘 모르지만, 커피의 이런 맛은 좋고,

저런 맛은 싫다고 하면 에클레시아는 내 입맛에 꼭 맞는 커피를 즐겁게 마실 수 있는 곳이다. 그렇게 내 취향을 존중해 주고, 존중받는 만큼 좋은 향기가 있고, 좋은 향기만큼 좋은 사람들이 있는 그곳에 더 자주 가지 못해 아쉬울 뿐이다."

- 단톡방 에클레시아 멤버 김지원

첫 번째 고백

새로운 교회의 출발

"하나님과 교회를 외면하고 있는 저에게 카페 에클레시아는
하나님을 다시 생각하게 해 주는 공간입니다.
목사님과 사모님은 여전히 교회 문을 열고 들어서는 것을
주저하고 있는 저에게 하나님과의 끈만은 놓지 않게 해 주시는 분들입니다.
표현도 못하고 말도 예쁘게 하지 못하고 투정만 부리는 저이지만,
마음속에 목사님과 사모님의 진심 어린 사랑을 항상 느끼고 감사하고 있습니다.
그래서 힘든 시련의 시간을 버티며 이겨 내고 있습니다."

– 단톡방 에클레시아 멤버 노영심

"에클레시아가 있기에 지금의 우리가 있는 것 같습니다.
목사님, 사모님, 언니, 동생, 친구…….
제게는 이분들이 모두 아름답게만 여겨집니다. 그래서 항상 감사하고 있습니다.
가족들보다 더 가족 같은 우리들…….
내가 한국 땅에 있어야 할 이유는 에클레시아가 있기 때문입니다."

– 단톡방 에클레시아 멤버 이정연

가끔 신학대학원에 강의를 하러 가거나 목회자들의 모임에 참석하면 다른 사람이 저를 소개하는 경우가 있습니다. 그리고 그 소개하는 말 중에 바로잡고 싶게 만드는 표현이 꼭 등장합니다. "카페 교회를 하는 양광모 목사"라는 말입니다. 그럴 때마다 저는 이렇게 정정하곤 합니다.

"저는 카페 교회를 하는 목사가 아닙니다. 저는 서울 강동구 상일동에서 지역 교회 목회를 하고 있습니다. 그리고 저는 지역에 사는 이웃과 세상을 만나며 소통하기 위해 커피 전문점인 카페 에클레시아를 운영하고 있습니다."

어찌 들으면 별 차이가 없는 말장난처럼 들릴 수 있지만 이 표현에는 저의 목회 지향점이 분명히 담겨 있습니다.

카페 교회를 하는 목사가 아닙니다

제가 새로운 개척 교회 목회를 해야겠다고 결단한 이유는 기존에 섬기던 교회와 갈등이 있었기 때문이 아니었습니다. 당회나 교인들과의 갈등 때문이 아니라 제 자신과의 갈등이 심해졌기 때문입니다. 더 이상 기득권에 안착하는 목회자이고 싶지 않았습니다. 이미 오랜 시간 신앙인으로 살아오면서 신앙인의 삶에 익숙해진 고착된 사람들을 대상으로 목회하기보다는, 세상으로 나가서 세상 사람들을 만나고 싶었습니다. 그리고 세상과 교류하는 목회의 장을 통해 살아계신 하나님의 역사를 직접 체험하면서 하나님의 나라를 구체적으로 실현하는 일에 이바지하고 싶었습니다. 목사 개인의 고집이 담긴 목회 철학이나 특정 교회의 특징을 초월한, 가장 성경적이며 보편적인 교회의 모습을 추구하고 싶었습니다. 자본주의에 결합된 것과 같은 부끄러운 모습이 만연한 오늘날 우리나라의 교회들을 향해서 의미심장한 도전을 주고 싶었습니다. 이런 목적을 이루기 위해 교회와 세상이 만나는 만남의 장으로 커피 전문점인 '카페 에클레시아'를 운영하기로 결정한 것입니다.

카페는 세상 사람들에게는 다소 이질적으로 느껴질 수 있는 예배당 건물과는 사뭇 다른 느낌을 주는 편안한 공간입니다. 비그리스도인들도 문턱을 느끼지 않고 찾아와 대화하기 좋은 분위기를 가진 장소가 카페입니다. 그래서 저는 이웃과 세상을 만나는 접촉의 장이자 제가 지향하는 목회의 결실을 맺기 위한 사역의 도구로 카페 에클레시아를 열었습니다. 이를 통해 교회 개척 초기에는 텐트메이커로서 먹고사는 생계의 문제를 해결하는 동시에 영적인 돌봄이 필요한 지역 주민들과 만나고자 한 것입니다. 그런 과정을 통해서 지역 주민들의 삶을 살피고 이해하며 지역을 효율적으로 섬기고 싶었습니다. 그리고 점차 사회복지 시설과 재활 및 재교육 시설을 통해 지역의 방주와 같은 역할을 감당하겠다는 꿈을 품었습니다.

요즘, 카페를 도구로 하는 많은 목회 현장이 어려움을 겪는다는 소식을 듣습니다. 이런 소식을 접하며 저처럼 카페를 목회의 도구로 선택하려는 목회자나 목회자 후보생들께 조심스럽게 말씀드리고 싶습니다. 교회 운영에 필요한 재정적 도움을 얻을 수 있는 자영업장에 많은 기대를 품고 시작하면 어려워질 수 있습니다. 이 시대의 트렌드가 된 기호 식품 커피에 대한 기대로 카페를 시작해도 어려워질 수 있습니다. 좀 더 많은 매출에 대한 기대로 유동 인구가 많은 위치를 선택해서 카페를 운영해도 곤란을 겪게 될 수 있습니다. 선교하는 교회를 지향하기보다는 예배를 비롯한 교회의 모임처로 활용하려는 목적에 비중을 두고 카페 교회를 개설한다 해도 역시 위기에 처할 가능성이 높습니다.

이런 위기를 초래하지 않으려면 교회의 본질과 존재 이유에 충실한 올바른 교회론에 뿌리를 두는 것이 매우 중요합니다. 건강한 목회를 목적으로 하는 목회자에게 가장 중요한 조건 중의 하나는 그리스도 신앙 공동체를 이끌어 가기 위한 올바른 자기 정체성을 확립하는 것입니다. 이러한 측면에서 생각해 보았을 때 가장 먼저 떠오르는 것은 예수 그리스도께서 성육신하심으로 우리에게 보여 주셨던 '낮아짐'입니다. 목회자는 지금까지 영적인 리더라는 이유로 지도층으로 자리매김되어 왔고 존경받을 대상으로 확고히 인식되어 왔습니다. 하지만 이제는 권위적 태도를 버리고 목회 대상자들의 삶의 현장과 문화 속으로 직접 들어가서 진솔하게 그들과 삶을 공유해야 합니다.

저는 이런 기준으로 이 시대 문화 아이콘 중의 하나인 카페를 만남의 도구로 활용하기로 했습니다. 커피를 소재로 하는 카페라는 만남의 장에서 바리스타로 사람들에게 다가가기로 한 것입니다. 목사라는 타이틀만을 고집한 채 종교라는 영역의 테두리 안에서 성경이나 복음에 대해서만 논하고 싶지는 않았기 때문입니다. 그런 제약적인 만남을 넘어서고 싶었습니다. 커피를 내려 주는 한 사람의 그리스도인 바리스타로서 좀 더 자연스럽게 구원의 대상들을 찾아가는 것이 현명하다고 생각했습니다. 그래서 일반인들이 그 뜻을 알기에는 쉽지 않은 '에클레시아'라는 상호를 선택해서 카페를 개설했습니다.

카페를 찾아오는 대부분의 일반 사람들은 에클레시아의 뜻이 무엇인지 알지 못합니다. 그냥 멋있는 외래어라고 생각하고 아무런 거리낌 없이 카페에 들어와서 목사 바리스타가 내려 주는 커피를 마십니다. 저는 헬라어로 '교회'라는 뜻의 간판이 걸려 있는 카페에서 자연스럽게 사람들을 만나며 사역을 하고 있는 것입니다. 이렇게 제가 의도하는 대로 문턱 없는 교회에 세상의 사람들이 들어와서 목사이자 바리스타인 저를 만나고 있습니다. 목사이며 바리스타인 제 손으로 내린 커피를 거부감 없이 마시고 카페에서 삶을 자연스럽게 나누다가 돌아갑니다. 그렇게 자연스레 지역 주민들의 삶의 현장으로 목사가, 교회가 스며들어 가고 있는 것입니다.

교회가 자칭 '거룩'이라고 말하는 구별됨, 그러나 세상과 매우 먼 곳에 격리된 것처럼 보이는 모습의 옷들을 이제 벗어 버려야 합니다. 우리의 구별됨이, 우리가 만나는 비그리스도인들도 거룩하게 구별해 주기 위한 마중물이 되어야 합니다. 이런 자세로 믿지 않는 이웃들의 삶을 향해서 찾아가야 합니다.

비그리스도인들이 경계하지 않고 배척하지 않으며 자연스럽게 받아들일 수 있도록, 그들의 언어와 그들의 코드를 바르게 이해하고 해석해서 그들의 삶이나 그들의 문화에 거부감 없이 다가가는 노력이 절실하게 요구되는 때입니다. 목회자가 자신의 권위를 내려놓고 친근감 있게 다가가려는 의지를 보일 때 사람들은 자연스럽게 경계를 풀고 자신의 삶을 들고 다가오게 됩니다. 이를 위해 저는 '카페교회'가 아닌 지역 교회 사역 도구인 커피 전문점 카페 에클레시아를 운영하는 것입니다.

난 나중에 절대로 교회 안 가

이번 장에서 소개할 여섯 편의 글은 카페 에클레시아에서 만난 사람들의 삶의 이야기입니다. 지금까지 지역 교회 형태에서 목회하며 제가 경험했던 내용들과 사뭇 다른 이 생생한 이웃들의 이야기는 제게 교회와 목회에 대한 큰 전환점이 되었습니다. 여섯 평의 작은 카페 에클레시아에서 만난 여섯 가지 삶의 이야기는 저를 포함해 우리의 교회들이 진지하게 고민해야 할 과제가 무엇인지를 깊이 생각하게 해 줄 것 입니다. (**여섯 편에 등장하는 인물들은 일부 가명을 사용했습니다.)

어느 날 오후, 처음 보는 중년 여성 세 사람이 카페 문을 열고 들어셨습니다. 폴딩 도어 쪽 테이블에 자리를 잡고 메뉴를 둘러본 후, 한 사람이 카운터로 다가왔습니다. 주문하는 모습만 보아도 그들이 커피 마니아들임을 눈치 챌 수 있었습니다. 그들은 맛있다며 커피를 칭찬해 주었습니다. 그들과 대화를 나누면서 그들이 우리 카페에 들어오게 된 이유를 알게 되었습니다. 세 사람 중 한 사람인 가람 엄마는 가람이를 혁신학교에 전학시키기 위해 이 지역으로 이사를 오려고 계획 중이었습니다. 아파트를 알아보기 위해 친구들과 함께 왔는데, 약속 시간보다 먼저 와서 약간의 시간 여유가 생긴 것입니다. 그래서 부동산 중개업소 옆에 있는 우리 카페에 우연히 들어오게 된 것입니다. 함께 온 두 여성은 그때 살고 있던 아파트에서 친해진 친구들이었습니다. 그날 마신 커피에 만족한 세 사람은 이후로 거의 매일 카페에 찾아오는 단골손님이 되었습니다.

그리고 얼마 후 이 지역으로 이사를 오게 된 가람이 엄마와 아빠는 우리 카페의 단골손님이 되었습니다. 중학교 2학년, 초등학교 6학년생인 두 딸을 둔 가람이 엄마는 40대 중반이었고, 남편은 50을 막 넘긴 나이였습니다. 부부는 거의 매일 저녁마다 함께 카페에 와서 한 시간 정도 머물면서 커피를 마시고 갑니다.

몇 차례나 카페에서 커피를 마셨던 가람이 엄마와 아빠는 어느 날, 저와 이야기를 나누다가 제가 목사라는 사실을 알게 되었습니다. 그러자 가람이 엄마는 깜짝 놀라서 대번에 "와 대박이다." 하고 말했습니다. 물론 많은 손님들이 제가 목사라는 사실을 알면 깜짝 놀라곤 했기에 새삼스러울 것도 없는 반응이었지만, 유독 가람이 엄마는 좀 더 많이 놀랐다는 느낌을 받았습니다.

그런데 그날 이후 가람이 엄마가 저를 조금 부담스러워한다는 사실을 눈치 챘습니다. 친밀한 느낌은 여전한데 뭔가 모를 경계심을 갖는 듯한 느낌이 들었습니다. 다른 손님들은 제가 목사라는 사실을 알고 난 다음부터는 조금 더 공손한 태도를 보이며, 호칭이 '사장님'에서 '목사님'으로 바뀝니다. 그런데 가람이 엄마는 여전히 저를 '아저씨'라고 불렀습니다. 커피를 리필해 달라고 부탁할 때도 굳이 '아저씨'라는 호칭을 붙이곤 했습니다. '아저씨'라고 부르든, '사장님'이라고 부르든, '목사님'이라고 부르든 상관없지만, 가람이 엄마는 일부러 저를 '아저씨'라고 부른다는 느낌이 들었습니다. 조금 의아하기는 했지만 저는 친절히 응대했습니다.

그 뒤로도 몇 번이나 가람이 엄마는 커피를 마시러 카페에 찾아왔습니다. 그러던 어느 날, 가람이 엄마는 저를 대하는 자신의 태도 변화에 대한 사연을 제게 들려주었습니다. 가람이 엄마는 초등학교 6학년 때까지 교회에 다녔다고 합니다. 그런데 중학교에 진학하면서부터 교회에 발길을 끊었다는 것입니다. 그런데 그 이유가 적잖게 충격적이었습니다.

가람이 엄마는 초등학교 시절에 새어머니의 보살핌을 받아야 했습니다. 그런데 새어머니가 교회를 열심히 다니는 분이었습니다. 그 말은 가람이 엄마도 억지로 교회에 갈 수밖에 없었다는 말이 되지요. 어린 시절에 그 새어머니에게 정신적 학대를 받은 것이 문제였습니다. 자기가 낳은 자식들보다 가람이 엄마를 예뻐하지 않은 것은 물론이고, 가람이 엄마가 다섯 살 무렵에는 식칼을 가람이 엄마의 목에 대고 위협하기도 했다는 것입니다.

이런 충격적인 경험 때문에 가람이 엄마는 교회의 일원이라면 무조건 경계했습니다. 가람이 엄마에게 그리스도인들은 어린 시절의 해묵은 고통과 상처를 떠올리게 하는 존재들이니까요. 하물며 목사인 저는 말해 무엇 하겠습니다. 그녀가 저를 굳이 '아저씨'라고 부를 수밖에 없었던 이유는 정말 참담했습니다. 가람이 엄마는 초등학교 때까지는 새어머니가 무서워서 시키는 대로 교회에 열심히 다녔지만, 중학교에 간 뒤로는 의도적으로 그리스도인들을 피했습니다.

가람이 엄마의 새어머니는 어린 딸에게 교회 다니기를 강요했을 뿐만 아니라 때로는 칼을 들고 위협할 만큼 이중적이고 전혀 신앙인답지 못한 행태를 보이는 사람이었습니다. 우리 그리스도인들이 세상의 소금과 빛으로 그리스도의 제자다운 삶을 살지 못했을 때 세상 사람들에게 얼마나 큰 실망과 상처를 줄 수 있는지 보여 주는 예입니다. 뿐만 아니라 세상의 이웃들이 그리스도인이 되어 구원을 얻는 길로 들어서는 과정에 큰 방해를 일으키는 장애물이 될 수도 있다는 것을 깊이 생각하게 하는 충격적인 이야기입니다.

그날의 이야기를 들은 후 그리스도인의 입장에서 저는 가람이 엄마에게 진심으로 사과를 했습니다. 그 후 가람이 엄마와 아빠는 우리 부부와 매우 친밀한 사이가 되었습니다. 그분들은 수시로 좋은 먹거리 등을 선물로 가져오곤 합니다.

그러던 어느 날, 지방에서 과수원을 하는 시부모님이 보내 주신 것이라며 자두와 흡사한 '후무사'라는 과일을 가져온 날이었습니다. 커피를 한 모금 마시며 입을 연 그들 부부는 마음에 오랫동안 담고 있었던 고민을 꺼내 놓기 시작했습니다. 가람이의 엄마와 아빠에게는 가람이와 두 살 터울인 가람이의 언니 가현이가 있는데, 우리나라 나이로는 중학교 2학년생입니다. 가현이는 필리핀에서 1년간 어학연수 겸 공부를 하고 얼마 전 돌아왔습니다.

그런데 그 아이를 필리핀에 보내야만 했던 속사정이 따로 있었던 것입니다. 매우 총명한 머리를 가졌고 외모도 상당히 빼어난 가현이는 중학교에 입학한 후 친구들 사이에서 인기가 높았습니다. 점점 놀기를 좋아하는 친구들과 어울리기 시작하는 가현이의 생활 태도를 바로잡아 주려 했던 부모들이 이런저런 애를 써 봐도 아무런 소용이 없었습니다. 그런데 마침 가현이가 영어 연수에 호기심을 보이자 아이를 설득해 필리핀으로 보냈던 것입니다. 하지만 1년가량의 시간을 보낸 후 되돌아온 아이에게서는 기대했던 만큼의 변화는 보이지 않았습니다. 다시 이전의 친구들과 어울리기 시작한 가현이를 보며, 엄마는 고민하다가 결국 신경성 장염에 걸리고 말았습니다. 게다가 불면증에 시달리는 등 건강까지 위협 받는 상황에 이르게 된 것입니다. 이렇게 엄마도 가현이도 서로 힘들어하며 자주 갈등을 빚자 결국 가현이를 캐나다로 보내기로 서로 협의하고 결정을 했습니다.

가현이를 캐나다로 보내기 위해 수속을 하러 가던 날, 가현이의 엄마가 카페에 들렀습니다. 커피 한 잔을 들고 나가기 전에 잠깐 머뭇거리던 가현이 엄마가 사뭇 진지한 표정으로 입을 열었습니다.

"옛날에 어려서 교회를 다녀서인지 모르겠지만 이렇게 고민스럽거나 중요한 일이 있으면 저도 기도를 하게 돼요. 같이 기도해 주세요."

어느 때보다 진지한 표정으로 이야기하는 가현이 엄마의 모습에서 가슴이 뭉클해지는 소망을 발견하는 순간이었습니다. 그리고 며칠 뒤 함께 온 부부와 가현이에 대한 이야기를 한참 동안 나누었습니다. 그리고 그런 이야기를 나누는 동안 큰 딸을 위한 간절함 때문인지 그들 부부에게서 이전과는 다른 진지한 태도를 볼 수 있었습니다. 초등학교 시절 교회를 다니며 내면 깊이 묻어 두었던 가람이와 가현이 엄마의 신앙이 다시 들춰지기 시작했습니다. 새어머니에게서 받은 상처로 교회에 발길을 끊기 전까지 형성된 희미한 신앙이 되살아난 것입니다. 그 희미하고 가느다란 소망의 줄을 붙잡고 하나님께 도움을 구하는 의존적 자세를 보이기 시작한 것입니다. 그날 카페를 나가는 가람이 엄마에게 저는 이렇게 말했습니다.

"어쩔 수 없이 가현이를 위해 내가 기도하게 됐으니까 가람이 엄마도 기도하세요. 가람 엄마!"

가람이 엄마는 "네"라고 짧게 대답하며 카페를 나갔습니다. 그녀의 삶은 새어머니 때문에 예수 그리스도와 단절되었습니다. 하지만 이제 큰딸이 매개가 되어 절대자 하나님께 도움을 구하는 모습으로 돌아서고 있었습니다. 하나님은 카페를 통해 어린 시절 상처로 얼룩진 가람이 엄마 개인의 문제와 그 가정의 문제에 저를 개입시켜 주셨습니다. 그런 하나님의 요청에 부응해 그리스도의 사랑을 품고 그들에게 다가가 함께 고민하고 방법을 찾게 하셨습니다. 이런 어려움을 겪는 가운데 우리의 우정은 인간적인 친밀함을 넘어서게 되었습니다. 가람이 엄마 본인이 예전에 지니고 있었던 신앙심의 불씨가 되살아나기 시작한 것입니다. 카페를 나가는 가람이 엄마의 뒷모습을 보며 저의 마음에는 한 가지 뚜렷한 확신이 들었습니다. 이 부부가 어느 때인가는 그리스도인으로 자기 정체를 고백하는 전환의 날이 올 것이라는 확신이었습니다.

오늘날 우리가 살고 있는 이 땅의 곳곳에는 수많은 지역 교회들이 있습니다. 하지만 일반적인 삶을 살아가는 보편적인 현대인들이 자기 삶의 짐을 지고 교회를 찾아가는 건 쉽지 않습니다. 세속에 익숙한 사람들에게 거룩한 교회의 문턱은 아직 낯설고 높기만 합니다. 이들에게 다리가 되어 소통의 열매를 거두는 것이 우리 카페 에클레시아가 감당해야 하는 역할임을 다시 한 번 깊이 새겨 봅니다.

내일 '빨간 딱지' 붙이러 온대요

진영이 엄마는 매일 아침 같은 시간에 카페로 출근(?)하는 충성스런 단골입니다. 나이에 비해 결혼이 다소 늦어 초등학교 1학년생과 여섯 살이 된 두 아들을 두고 있습니다. 어려서 한 번도 교회에 다녀 본 적이 없는 비그리스도인인 진영이 엄마는 제 아내와 같은 나이입니다. 그런 까닭에 두 사람은 서로 격의 없이 친구처럼 지냅니다. 진영이 엄마가 카페에 오기 시작했던 무렵, 저는 진영이 엄마가 딸 하나와 두 아들의 엄마인 줄 알았습니다. 그런데 알고 보니 초등학교 3학년생인 여자아이는 남동생의 딸이었습니다. 이혼한 남동생이 누나에게 딸을 맡긴 것입니다. 그래서 고모인 진영이 엄마가 조카딸을 양육하게 된 것입니다.

어느 날, 진영이 엄마는 저희 부부에게 속내를 털어놓았습니다. 남편의 눈치가 보인다는 것이었습니다. 비록 자신의 피붙이이긴 해도 크지 않은 평수의 아파트에서 조카아이까지 기르는 것이 아무렇지 않을 리가 없었습니다. 집은 더 좁아졌고, 아들들에게 주어야 할 걸 조카아이에게도 나눌 때는 남편이 많이 의식된다는 것이었습니다. 조카아이가 사촌 동생인 자기 아들들을 함부로 대하거나 아들들보다 더 많은 것을 가지려고 욕심을 부릴 때는 아이가 밉고 속도 상한다고 했습니다. 진영이 엄마는 진지한 얼굴로 이 상황을 어떻게 하면 좋겠느냐고 저희에게 의견을 물었습니다.

고민 끝에 진영이 엄마에게 혹시 조카아이를 달리 맡길 곳이 있는지 되물었습니다. 그러자 시골에 홀로 계신 친정어머니 이야기를 했습니다. 어머니에게 보낼 수는 있다고 대답했습니다. 친정어머니한테 조카아이를 보내는 방향으로 결론을 내렸습니다. 얼마 후, 학기가 끝나고 방학을 맞은 조카는 전학 수속을 밟고 고모 집을 떠나 할머니 집으로 내려갔습니다. 진영이 엄마는 한 달에 두 번 정도씩 어머니와 조카를 방문해 그들이 어떻게 살고 있는지 세심하게 보살피고 있습니다. 조카와 떨어져 있는 지금, 진영이 엄마의 가정에는 갈등의 요소가 사라졌고, 조카아이는 할머니의 사랑을 독점하면서도 고모의 뒷바라지를 받으며 밝게 지내고 있다고 합니다.

이 일이 있은 후 진영이 엄마와 저희 부부의 관계는 더욱 친밀해졌습니다. 진영이 엄마는 자신의 고민거리나 가정의 이야기를 비롯해 시댁과의 관계에서 발생하는 삶의 문제 등을 카페에 와서 스스럼

없이 나누게 되었습니다. 언젠가는 같은 아파트에 사는 이웃인 민혁이 엄마가 와서 매우 의아한 표정으로 눈을 동그랗게 뜨고 이야기를 꺼냈습니다. 진영이 엄마가 사장님 부부에게 자기 가정의 모든 문제들을 다 이야기한다는 말을 들었다는 것입니다. 원래 자기 사정을 다른 사람에게 말하지 않는 사람으로 유명한데, 어떻게 카페에 와서 사장님 부부에게 자기 이야기를 했는지 놀랐다는 것이었습니다. 같은 아파트에 사는 가까운 이웃 사람들에게조차 말하지 않았던 내용들을 우리에게 이야기했다는 말을 듣자, 제 마음 한쪽에 말할 수 없는 긍지가 솟아났습니다.

'맞아! 이것이 세상 사람들에게 다가가는 진정한 교회와 목회자의 모습이지!'

그런 이야기가 오고간 후 어느 날 낮에 다소 충격적인 상황에 맞닥뜨리게 되었습니다. 진영이 엄마가 알코올 냄새를 풍기며 카페로 들어온 것입니다. 해장할 수 있도록 커피 한 잔을 달라고 요청한 진영이 엄마는 술기운이 가시지 않은 얼굴로 의자에 털썩 주저앉았습니다. 당황스러운 마음을 추스르고 무슨 일이냐고 물었습니다. 진영이 엄마의 남편은 팀을 꾸려 현장에서 일을 하는 건축업자입니다. 그런데 요즘 경기가 어려워져 자금 회전이 잘되지 않는다고 합니다. 그래서 함께 일하는 사람들에게 임금을 제때 지불하기 어려운 경우가 종종 있다고 합니다. 이런 상황이 벌어지면 진영이 엄마가 대출을 받거나 지인들에게 돈을 빌려서 해결한다는 것을 저도 알고 있었습니다. 그런데 이런 상황이 반복되고 문제가 원활하게 해결되지 않아서 결국 어려운 상황에 봉착하게 된 것입니다. 법원에서 식구들이 사는 집에 일명 '빨간 딱지'라고 하는 압류 봉인표를 붙이러 온다는 통보를 받았습니다. 절망적인 상황 때문에 속이 상해 밤새도록 술을 마셨다는 것입니다.

다행히 그날의 위기는 잘 넘겼습니다. 저는 진영이 엄마의 이야기를 듣고 뭔가를 해야겠다고 결심하게 되었습니다. 힘든 세상 속에서 하루하루 고단한 삶을 살아가며 어려움을 겪고 있는 주변 이웃들을 도울 길을 찾기로 한 것입니다. 그래서 저와 가깝게 지내는 강남의 한 대형 로펌의 중견 변호사를 찾아갔습니다. 그리고 역시 변호사로 일하는 제 처남에게 우리 카페 주변에 살고 있는 어려운 이웃들을 위한 무료 법률 상담을 부탁했습니다. 헌신된 그리스도인이었던 두 사람은 저의 제안에 흔쾌히 동의해 주었습니다. 매주 또는 격주로 요일을 지정해서 카페에서 무료 법률 상담소를 개설하기로 했습니다.

역경의 시간, 시련의 때, 고난의 현장을 소망하는 사람은 결코 없을 것입니다. 하지만 우리의 이웃들은 예측할 수 없는 고난에 아파하며, 예상치 못한 역경으로 휘청거리고 있습니다. 힘들게 하루하루를 버티며 살아가고 있는 현대인들이 기대어 위로받을 수 있는 공간, 카페 에클레시아의 존재 이유가 바로 여기에 있습니다.

아주 일반적인 그리스도인 가정의 고민

우리 카페를 찾아와 신앙 이야기를 나누다 깊은 교제의 관계로 발전한 젊은 부부가 있습니다. 그들 부부가 소속된 교회는 출석 교인이 500명 정도인 역사와 전통을 자랑하는 전형적인 지역 교회였습니다. 부부가 저희에게 마음을 열고 다가오게 된 이유는, 그들이 섬기고 있는 교회 때문에 많은 어려움을 겪고 있었기 때문입니다. 젊은 남편은 같은 나이 또래에 비해 건강하고 의식 있는 신앙인이자 열심이 있는 그리스도인이었습니다. 그는 자신이 지향하고 희망하는 신앙 공동체로서의 교회 모습과 실제 교회 모습의 괴리로 많이 힘들어했습니다.

예를 들면 남성 구역 식구들이 함께 모인 자리에서 기도 제목을 내놓으면 이렇게 얘기를 한다는 것입니다.

“이 시간은 교제하는 시간이니까 그런 기도는 나중에 하고. 패스.”

그는 신앙인으로 서로 문제들을 나누며 함께 기도해 주는 진정한 의미의 소그룹 모임을 갈망했습니다. 그런데 교회 안의 모임들은 교제라는 명분 아래 일상적인 이야기들을 나누는 한계를 벗어나지 않으려 한다는 것입니다. 그런 까닭에 그들 부부는 교회에서 신앙의 양분을 공급받지 못해 고갈되어 가는 상황이었습니다. 헌신의 동기도 부여받지 못하고 기대나 소망도 없이 마음만 무거워지고 있었습니다. 그렇지만 어린 시절부터 자신의 울타리가 되어 준 모 교회이기 때문에 떠날 수도 없다고 말했습니다. 그들의 신앙생활은 그야말로 매주일 힘들게 버텨 가는 시간의 연속이었습니다.

그날 그들 부부는 아주 오랜 시간 내면에 쌓아 놓기만 했던 이야기를 풀어냈습니다. 저는 목회자로서 그들의 어려움을 들어 주었고, 급진적이지는 않아도 현재 상황에서 그들이 할 수 있는 대안을 제시해 주었습니다. 그들이 몸담고 있는 교회의 상황이 바뀌지 않아도 거기서 다시 힘을 낼 수 있다고 위로해 주었습니다. 교회가 변하기를 기대하는 입장에 머물러 있지 말고 스스로 해결 방안을 찾아보라는 제안도 했습니다. 하지만 교회가 그들의 헌신을 받아들여 줄 여건이 되지 않을 수도 있습니다. 그것은 그 교회의 잘못이지, 그들의 잘못은 아닙니다. 그러면 그 에너지를 직장 신우회나 같은 교회가 아닌 다른 신앙인들과의 교제를 통해 채워 나가는 방향으로 전환시킬 수도 있습니다. 그런 제안을 그들에게 하자, 젊은 남편은 무거운 마음을 내려놓았다며 많이 평안해졌다고 말했습니다. 그리고 며칠 후 아내를 통해 남편이 이전과는 확연히 다르게 평안을 회복했다는 소식을 전해 들었습니다.

그러던 어느 날 밤, 그 남편이 아내와 함께 카페를 찾아왔습니다. 우리 부부와 반갑게 이야기를 나누던 중 의외의 상황이 벌어졌습니다. 그 남편은 신실한 신앙인이고 아내도 그런 남편을 존경한다고 이야기해 왔습니다. 그래서 그들 부부 사이에는 아무런 문제가 없을 것이라고 생각했습니다. 그런데 그날, 그의 아내는 그동안 우리가 알지 못했던 이야기를 털어놓았습니다. 자신의 남편은 유능하고 반듯한 직장인이고 신실한 신앙인이지만 한편으로 자기주장이 매우 강한 사람입니다. 자기 자신이 판단하고 결론을 내리는 부분은 옳다고 여깁니다. 하지만 아내의 견해를 인정하는 데는 인색합니다.

아내의 입장을 생각해 주지 않는 인색한 남편 때문에 상처받는 일이 많다며 아내가 눈물을 보이기 시작했습니다. 그리고 그의 아내는 남편이 그럴 때마다 자신이 가치가 없는 사람처럼 느껴진다고 말했습니다. 남편에게 가장 중요한 우선순위는 부모님과 자녀들이었고, 아내인 자신은 언제나 그다음이었다면서 마음이 상한다고 말했습니다. 신앙인이니까 그런 상황도 감내하려 하지만, 시간이 지나도 남편에게서 받는 상처는 무뎌지지 않고 날마다 새로운 아픔으로 다가왔습니다.

그동안 느꼈던 외로움과 아픔을 이야기하면서 눈물을 흘리는 아내의 모습을 보자 남편은 큰 충격을 받은 듯 어쩔 줄 몰라 했습니다.

상황이 조금 진정된 후, 제 아내는 자신의 경험을 이야기해 주었습니다. 그 남편에게 아내의 입장을 좀 더 자세하게 대변해 주었고, 남편의 사랑과 격려가 얼마나 아내에게 필요한 것이지 설명해 주었습니다. 아내의 정서적인 필요에 대해 전혀 알지 못했던 남편은 매우 당황스러워했습니다. 하지만 우리 부부와의 진지한 대화를 통해 그동안 자신이 간과했던 문제점을 똑바로 볼 수 있었습니다. 그는 아내를 더 많이 이해하고 아내의 의견을 적극적으로 받아들이겠다며 변화를 굳게 다짐했습니다. 남편의 그런 결심만으로도 그의 아내는 눈에 띄게 밝아진 모습을 보였습니다.

남자와 여자는 서로 필요가 다를 수밖에 없지만, 견고한 신앙의 뿌리를 지닌 남편과 남편을 존경하며 신뢰하는 아내의 하나 됨은 서로의 다름이 서로를 위해 더 아름답게 작용하게 해 줍니다. 그들은 문제를 해결해 나가겠다고 결단했으며, 그 후로 주저 없이 그 결단을 실천으로 옮기고 있습니다. 그것은 그들 사이에 사랑과 신뢰가 있기에 가능합니다. 그 가정에 놀라운 회복과 아름다운 변화가 이미 일어나고 있음을 확인할 수 있었습니다.

저는 이 가정과의 만남을 통해 보편적인 신앙의 가정에서 일어날 수 있는 현실적인 문제에 대해 고민하게 되었습니다. 신앙이라는 울타리 안에서 모르는 사이에 서로에게 행해지는 정서적 폭력으로 멍들고 아파하는 이들이 적지 않습니다. 그들이 드러내 놓지 못하는 아픔과 상처에 대해 오늘의 지역 교회들은 어떻게 대처하고 있는지 깊이 고민해 보아야 합니다. 거친 세상 속에서 치열하게 살다가 생긴 마음의 상처를 부여잡고 찾아와도 그 상처를 내보일 수 있을 만큼 교회는 안전한 공간이 되어야 합니다. 낙심하고 절망한 삶을 보듬고 위로하는 교회의 역할을 감당하기 위해 카페 에클레시아와 같은 열린 공간이 더 없이 필요한 시대입니다.

언니는 택시 드라이버

우리 카페 에클레시아의 단골손님 중에는 중년의 멋쟁이 여자 택시 기사가 한 분 있습니다. 교회를 개척한 뒤 약 2년여 동안은 카페의 수입이 매우 저조해서 운영이 어려웠습니다. 저희 가정은 물론이고 개척에 동참했던 부목사님 부부와 전도사님 부부 가정은 하루하루 삶을 꾸려 가는 게 곤란했던 시절이었습니다. 매일같이 오늘은 또 어떻게 살아야 하나를 걱정해야 했습니다. 해결 방법을 찾기 위해 혼자 속앓이를 했던 시간은 참으로 암울했습니다. 그때 생활비에 보태기 위하여 궁여지책으로 선택한 것이 바로 택시 운전이었습니다. 그때까지 세상 경험이 거의 없었던 저로서는 쉽지 않은 결정이었습니다. 두려운 도전이기도 했지요. 택시 기사 자격증을 취득하고 법인 택시 회사에 잠시 취업했을 때 동료로 만난 분이 바로 그 여자 기사였습니다. 그런 이유로 이 여자 기사 분을 저는 '선배님'으로 부릅니다.

선배님은 과거에는 개인 사업을 하며 꽤 여유 있게 살았던 적도 있는 신앙인이었습니다. 하지만 사업이 기울면서 생활이 어려워지기 시작했고 그 뒤 선택한 직업이 법인 택시 회사의 운전기사였습니다. 하지만 그분이 택시 운전을 한 건 비단 생계 때문만은 아니었습니다. 세상 사람들과 만나고 교류하며 생동감 있는 삶을 살아가기를 원했기 때문에 택시 운전이라는 직업을 선택한 것입니다. 그분은 그동안 살아왔던 삶의 수준이 무너지는 것을 받아들이고 싶지 않아서 원래 소유하던 고급 승용차를 계속 소유할 정도로 자존심이 강한 여성입니다. 일주일에 서너 번씩 카페를 찾아오는 선배님은 세상에 대한 경험이 남다른 인생을 살아왔습니다. 여성으로서 사업 경험과 택시 기사라는 범상치 않은 삶의 이력을 지녔던 선배님에게도 일반 목회자들의 모습과는 사뭇 다른 저의 삶은 호기심을 자극할 정도로 특이했던 것 같습니다. 그렇게 오가며 저의 목회 철학과 지향점 그리고 사역의 도구인 카페 에클레시아의 역할을 알게 된 선배님은 어느새 에클레시아의 단골이 되어 있었습니다.

어느 날, 홈패션 매장에서 사람이 찾아왔습니다. 우리 카페의 한쪽 벽에 있는 붙박이 장의자의 길이를 재기 위해 찾아온 것입니다. 그 직원은 한 고객이 카페 에클레시아의 붙박이 장의자에 쿠션을 제작해 깔아 달라고 주문을 했다고 말했습니다. 누가 이런 고마운 섬김을 계획는지 궁금해서 홈패션 매장의 직원에게 물어 보았지만, 고객으로부터 비밀로 해 달라는 부탁을 받았다며 답을 해 주지 않았습니다. 그런데 알고 보니 그 주인공이 바로 선배님이었습니다. 택시를 운전하다 잠시 들른 선배님과 커피 한 잔을 나누며 그 이유를 들었습니다. 세상과 교류하며 사람들과 소통하기 위한 장소로 카페를 운영하는 저의 목회 지향점을 귀하게 여겨 동참하는 의미로 정성을 보이고 싶었다는 것이었습니다. 선배님은 우리 카페 에클레시아가 특별하고 소중한 구별된 공간, 그야말로 거룩한 장소라며 이름 그대로 진정한 의미의 '에클레시아'라고 평가했습니다. 오늘날의 교회 현실을 개탄스러워한 선배님은 제가 추구하는 목회 지향점에 적극 동의하고 응원한다며 저를 격려해 주었습니다. 현재 선배님은 무기한으로 갖던 신앙생활의 방학을 끝냈습니다. 사랑하는 딸과 함께 바로세움정립교회에서 예배를 드리며 교제하게 된 것입니다.

선배님과의 교제를 통해 저는 카페 에클레시아가 존재하는 의미를 다시 한 번 깊이 새기게 되었습니다. 일반적인 지역 교회 공동체에서 만족을 얻지 못한 채 실망하고 낙심하여 방황하는 그리스도인들에게 소망을 주는 공간이 되어 주는 것입니다. 교회 공동체가 존재하는 진정한 목적을 상기시키며 건강한 신앙의 모범을 제시해 주는 것입니다. 오늘날 기독교의 현실을 보며 신앙의 방향을 바로 찾지 못해 힘들어하는 이들이 적지 않습니다. 그들에게 올바른 교회관을 정립시켜 주며 따뜻한 위로를 제공하는 것이 카페 에클레시아의 역할입니다. 진정한 교회 공동체를 찾지 못해 교회를 떠돌다 급기야

그마저도 포기해 버린 사람들에게 소망을 줄 수 있다면, 건강함을 지향하는 그리스도인이 도전해야 할 신앙의 목표를 깨닫도록 도움이 되어 준다면, 그것으로도 카페 에클레시아는 교회라고 말할 수 있습니다. 주저앉았던 이들이 바로 서서 한걸음 내딛을 수 있도록 그리스도의 마음으로 손을 내밀어 주는 것이 바로 우리의 역할입니다.

만 원에 담긴 마음

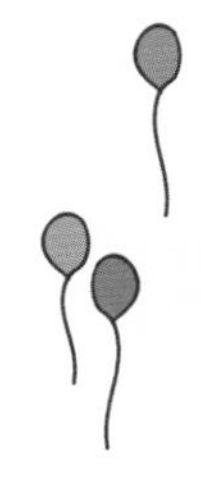

앞서 말씀드린 것처럼 제 휴대전화에는 '에클레시아'라는 이름의 단톡방이 있습니다. 저와 제 아내를 포함해 14명의 카페 에클레시아 여성 단골들로 구성된 단톡방 이름입니다. 이 단톡방의 멤버들은 거의 매일 아침 만나서 커피를 마시며 수다로 하루를 엽니다. 이 멤버들 중에 세 아들을 둔 3M 엄마(아들들 이름이 모두 M으로 시작합니다)가 있습니다. 3M 엄마는 청년 시절까지만 해도 그리스도인이었습니다. 하지만 출석하던 교회에서 불편한 일을 겪은 이후로 다니던 교회를 떠나게 되었습니다. 그렇게 '가나안 성도'(이스라엘 백성들에게 하나님이 약속하신 땅인 '가나안'을 뒤집어 표현한 교회 '안 나가'는 성도를 가리키는 말로, 교회답지 못한 교회에 실망해 더 이상 교회에 나가지 않는 그리스도인 들을 일컫는 말)로 살다가 천주교 신앙을 가진 집안의 남편을 만나 결혼했습니다. 그리고 시댁 식구들의 신앙을 따라 천주교인이 된 것입니다.

카페가 문을 연 지 2년 정도 되었을 무렵이었습니다. 3M 엄마가 우리 카페를 즐겨 찾기 시작한 어느 날이었습니다. 그날도 여느 때와 마찬가지로 초등학교에 다니는 자녀들을 등교시킨 엄마들이 두세 명씩 짝을 지어 카페 문을 열고 들어섰습니다. 그중 3M 엄마 팀은 커피를 내려 주는 바의 바로 앞 테이블에 자리를 잡고 앉았습니다. 커피를 내리면서 그들과 자연스레 이야기를 주고받는 중에 기독교와 관련된 이야기가 자연스레 흘러나왔습니다. 그들은 현재 기독교의 상황과 교회의 문제 등에 대해 목사인 저의 견해를 매우 궁금해 했습니다. 목사로서 제 견해를 말하자 그들은 매우 진지하게 제 이야기를 경청했습니다.

그리고 그 일이 있은 후 주말을 지나고 월요일 아침 시간, 언제나처럼 밝고 야무진 얼굴의 3M 엄마가 카페를 찾아왔습니다. 주문한 커피를 받기 위해 저와 제 아내가 커피를 내리는 곳으로 다가온 3M 엄마가 먼저 입을 열었습니다. 친정 식구와 관련된 이야기였습니다. 그녀의 아버지는 안타깝게도 그녀가 초등학생 시절에 교통사고로 먼저 세상을 떠나셨습니다. 이 후 어머니와 남동생 이렇게 세 식구는 함께 역경을 헤치며 고단한 삶을 살아왔습니다. 아버지가 돌아가시기 전까지만 해도 꽤 여유 있는 가정이었습니다. 그런데 아버지가 돌아가신 후 남겨진 재산에 대해 주변의 많은 사람들이 관심을 보였습니다. 험한 세상일과는 담을 쌓았던 순진한 어머니는 쉽지 않은 세상살이를 경험해야만 했다고 합니다.

현재 친정어머니는 말레이시아에 살고 계시며, 서울에서 직장생활을 하고 있는 미혼 남동생은 오랜 전통을 자랑하는 서울 시내의 어느 감리교회 교인이라고 합니다. 그 남동생이 지난 주말에 누나 집을 다녀갔답니다. 남동생과 저녁 식사도 하고 이런저런 이야기를 주고받던 중 마침 '카페 에클레시아' 이야기가 나왔습니다. 당연히 카페를 통해 세상과 만나는 목회를 하고 있는, 조금은 이상한 목사인 제 이야기를 하게 되었고, 자연스레 제가 지향하는 교회와 목회를 소개해 주었다고 합니다. 그녀는 동생과 헤어지려는 참에 불쑥이 말이 튀어나왔다고 했습니다.

"너, 그렇게 오래된 전통 교회에 다니면서 주일마다 예배만 드리는 그런 신앙생활 하지 말고 이참에 카페 목사님네 교회로 옮겨 보는 건 어때? 기왕 신앙생활 할 거, 의식 있는 신앙생활을 하면 좋잖아."

진정한 신앙생활이 어떤 것인지 진지하게 고민해 보라고 제안했다는 것입니다.

3M 엄마는 오늘도 변함없이 즐거운 표정으로 카페 에클레시아를 찾아옵니다. 14명이 가입된 단톡방의 이름을 '에클레시아'로 정한 사람도 그녀입니다. 에티오피아산 자연 건조 방식으로 생산된 커피인 '모모라Ethiopia Mormora'를 좋아하는 커피 마니아이기도 한 그녀는 맛있는 반찬을 비롯해 좋고 값진 것이 있으면 아낌없이 나누어 주는 가족 같은 이웃 중의 한 사람입니다.

어느 날 3M 엄마가 하얀 편지 봉투를 꺼내 놓으며 말했습니다.

"헌금이에요."

봉투를 받아 들고 영문을 몰라 어리둥절해하는 저에게 3M 엄마는 이렇게 말했습니다.

"지금은 제가 성당에 다니고 있고, 목사님네 교회에 나갈 수도 없는 형편이지만, 목사님을 진심으로 응원할게요. 목사님이 추구하는 이런 목회가 계속 활성화되고 발전했으면 좋겠어요. 그래서 그런 마음의 염원을 담아 매주 헌금을 하려고요."

이후 매주 금요일이 되면 그녀는 1만 원의 헌금이 담긴 봉투를 카페에 놓고 갑니다. 지금도 1만 원의 헌금이 담긴 하얀 봉투를 처음 받아 들었던 그날의 뭉클했던 감동을 잊을 수가 없습니다.

다양한 방식으로 빠르게 변하고 있는 세상 가운데서 오늘날의 지역 교회에서는 여러 가지 문제점들이 불거져 나오고 있습니다. 그 안에서 신앙의 뿌리를 내리지 못하고 마음에 상처를 안고 교회를 떠나가는 '가나안 교인'들이 점점 늘어나고 있습니다. 그들은 교회의 기존 교인들의 관계 속에 끼어들기가 어렵다고 말합니다. 교회 공동체를 통해 기대했던 따뜻한 돌봄을 경험하지 못하고 겉돈다고 말합니다. 자신이 안고 있는 문제에 대한 적절한 해답을 교회에서 찾지 못했다고 하소연합니다. 가고 싶은 교회, 마음 두고 신앙의 뿌리를 견고히 내리고픈 교회를 찾지 못한 '가나안 성도'들이 찾아와 마음 편히 위로 받으며 희망을 발견할 수 있는 곳, 상처 받고 무너진 마음과 삶을 치유하고 회복시킬 가능성을 기대해 보는 곳. 그런 곳으로 '카페 에클레시아'가 응원받고 있다는 사실에 가슴 뿌듯하고 감사할 따름입니다.

눈물겨운 사랑의 섬김

저의 명함business card은 일반적인 명함과는 좀 다릅니다. 보통 우리나라 사람들의 명함은 한쪽 면에는 한글로, 다른 쪽 면에는 영어로 자기를 소개하는 내용을 인쇄해 넣습니다. 그런데 제 명함 한쪽 면에는 바로세움정립교회 담임 목사, 다른 쪽 면은 카페 에클레시아와 커피에클 대표라는 타이틀이 인쇄되어 있습니다. 저는 지역 교회인 바로세움정립교회의 리더로 교회의 지체들을 섬깁니다. 한편 세상과 소통하는 공간인 카페 에클레시아의 대표 바리스타로 이웃과 만납니다. 더불어 저와 동역하는 목회자들의 생계 문제를 해결하기 위해 커피 제조 가공업체인 커피 에클을 설립하고 운영하고 있는 로스터이자 커피 전문가인 큐그레이더커피 품질 평가사이기도 합니다. 자비량 사역 도구로 설립한 커피 에클은 본연의 역할을 감당하기에 아직은 열악한 형편입니다.

하지만 그런 커피 에클에도 신나는 때가 있었습니다. 2016년 9월의 어느 날이었습니다. 제가 과거 비서실장과 사역조정실장으로 사역했던 지구촌교회에서 우리 카페 에클레시아의 드립백 4,000상자를 주문한 것입니다. 지구촌교회는 가을 이웃사랑축제인 '2016 블레싱'을 앞두고 믿지 않는 이웃들에게 사랑을 전하는 선물로 커피 드립백 상자를 선정했습니다. 이 주문은 지금까지 커피 에클의 매출 중 최고 기록입니다. 당시 몸은 힘들었지만 마음은 참 많이 행복했습니다. 하지만 그 이유가 단지 매출 때문만은 아니었습니다. 그때 경험한 이웃들의 헌신적인 사랑의 섬김은 평생 잊을 수 없는 행복한 추억입니다.

그때는 '커피 에클'과 카페 에클레시아가 같은 장소 한 공간에 있었습니다. 제품을 생산할 여건이 충분하지 않은 형편이었습니다. 협소한 작업 공간과 부족한 인력으로 주어진 기간 안에 4,000박스라는 대량의 상품을 만들어 납품해야 했습니다. 그 위기에 가족 같은 우리 카페의 단골 고객 엄마들의 섬김이 빛을 발했습니다. 그들은 열 일을 제쳐두고 와서 저희를 도와주었습니다. 오전 9시부터 점심을 함께 먹고, 오후 5-6시까지 그리고 몇몇 엄마는 집에 가서 가족들 저녁상을 차려주고 다시 나와 밤 9시까지 일했습니다. 이들이 베풀었던 자원봉사는 제 삶의 여정 중에 손에 꼽히는 감동의 시간이었습니다. 또한 이웃을 섬기는 건강한 선교적 교회의 중간 결실로 하나님이 허락하신 선물이었습니다.

미안한 마음에 비록 배달 음식이지만 점심 식사라도 좋은 것으로 대접하고 싶었습니다. 그러나 그들은 "비싼 밥 먹으면 우리가 목사님 사모님 도와 이렇게 수고하는 것이 무슨 의미가 있느냐"며 기어코 김밥을 먹자고 우겼습니다. 드립백을 포장하는 실링 기계가 열을 받아서 작동을 멈출 정도로 쉴 틈 없이 작업이 계속되었습니다. 그러자 한 엄마가 자기 집으로 뛰어가서 선풍기를 가져와 실링기를 향하여 틀어놓고 안도하던 모습이 아직도 눈에 선합니다. 그렇게 고생하면서도 커피 한 잔 내려 주면 두 손으로 받아 쥐고 세상을 다 얻은 것처럼 기뻐하던 모습. 두 대의 분쇄기로 쉴 새 없이 원두를 갈고, 갈린 커피를 작업자들에게 배분하고, 분배된 커피를 드립 필터에 일정량씩 담고, 커피가 담긴 드립 필터를 드립백에 넣고, 필터가 담긴 드립백을 붙이고, 완성된 드립백을 박스에 담는 일까지, 분업화된 다양한 공정들을 각각 맡아 주저 없이 감당해 주던 그 손들을 잊을 수 없습니다.

저나 교회가 마땅히 그들에게 손을 내밀고 섬겨야 했는데, 오히려 그들의 섬김을 받았습니다. 자기들이 느슨하게 일해서 일거리를 남겨 두면 목사님 부부가 고생한다며 서둘러 일을 끝내려 애쓰던 그들의 사랑이 담긴 섬김은 어떤 목회자나 교회의 섬김도 견줄 수 없는 값지고 아름다운 헌신이었습니다.

그런데 무엇보다도 자랑하고 싶은 놀라운 사실은 따로 있습니다. 열일을 제쳐두고 달려와 섬겨 준 그 9-10명의 단골 멤버들 중에는 제가 개척하고 담임하고 있는 바로세움정립교회의 교인이 한 명도 없었다는 사실입니다. 등록한 교회에 다니는 교인, 교회에 출석하는 개신교인도 없었습니다. 본래 기독교 신앙인이 아니거나 예전에는 교회에서 상처받고 교회를 떠난 분들이었습니다.

그분들은 주중에 저희 가족의 먹거리를 상당 부분 책임지고 있습니다. 제 아내도 바리스타로서 카페에서 함께 일을 하는 까닭에 반찬 만들 시간도 없을 거라며, 누구랄 것 없이 각각 김밥, 멸치 볶음, 미역국, 육개장, 오징어 볶음, 각종 나물로 반찬을 만들어 줍니다. 그래서 오늘도 그분들 손으로 만든 반찬이 저희 집 식탁에 올라옵니다. 이것이 현재 진행 중인 미셔널 처치의 사역 도구인 카페 에클레시아에서 오히려 제가 받고 있는 눈물겨운 사랑의 섬김입니다.

앞의 이야기에 나오는 많은 분들과의 만남을 통해 저는 이 땅에 세워진 우리 한국 교회가 놓치지 말아야 할 진지한 고민의 내용들을 발견했습니다. 과연 교회는 세상에서 하루하루 살아가고 있는 우리의 이웃들을 향해 열려 있는지, 그들에게 있어서 교회의 존재 가치는 무엇인지, 하루하루를 버겁게 살아가고 있는 사람들에게 교회는 과연 찾고, 기대고, 위로받을 수 있는 공동체로 자리매김되고 있는지, 세상에서 그리스도인으로 살아가고 있는 교회 지체들의 고민과 상처를 얼마나 구체적으로 보듬고 위로하고 있는지, 지역 교회 공동체에서 진정한 만족을 얻지 못한 채 실망하고 낙심하여 방황하는 그리스도인들에게 소망을 주는 공동체로서의 책임을 자각하고 있는지…….

교회는 예수 그리스도를 통해 하나님이 설립하신 구원의 방주입니다. 구원은 하나님이 세상의 모든 사람들을 향해 준비해 두신 은혜의 선물입니다. 따라서 이 땅의 모든 지역 교회들은 최선을 다해, 예수 그리스도를 통한 은혜의 선물인 구원을 이웃에 전하고 함께 누리기 위해 노력해야만 합니다. 이 과제를 온전히 감당하기 위한 방법을 찾기 위해 교회들은 얼마나 최선을 다하며 노력했는지를 돌아보며, 함께 이 고민의 답을 찾아가고 싶습니다.

두 번째 고백

옷 갈아입기

"교회 자체에 대한 불신으로
하나님에 대해서도 외면했던 오만했던 지난날들이었습니다.
카페 에클레시아에서 목사님과 만나 교제하면서
그 두터운 불신의 장벽을 조금씩 깨고 있습니다."

– 단톡방 에클레시아 멤버 백시윤

"카페 에클레시아에서의 소중한 인연들 때문에
임신과 출산 그리고 육아 때문에 생긴
몸과 마음의 병도 이겨 낼 수 있었습니다.
그들이 주는 조언과 지혜를 통해 마음의 안정을 찾아가고 있습니다.
엄마로서, 아내로서의 자리를 찾아갈 힘을 얻고 있습니다."

– 단톡방 에클레시아 멤버 이보현

건강한 교회를 개척한다는 것은 말처럼 쉬운 일은 아니었습니다. 교회 개척을 결단하며 건강한 교회를 꿈꾸는 저의 캐치프레이즈는 "현 시대의 교회를 개혁하고, 개혁된 교회를 통해 세상을 치유하고 변화시키자."였습니다. 이는 건강한 목회 철학과 교회 정체성을 분명하게 세우고 무장해야만 달성할 수 있는 목표였습니다.

따라서 개척을 준비하며 먼저 집중해야 할 과제는 건강한 목회 철학과 건강한 교회 정체성 정립을 위한 깊은 교회론에 대한 성찰이었습니다. 현대 교회론의 변화를 살펴보면, 과거 교회 성장학에 관심이 집중되던 시기가 있었습니다. 그다음에는 건강한 교회론으로의 인식 변화가 생겼습니다. 그리고 이제는 '선교적 교회론'처럼 교회의 본질에 집중하는 교회에 대한 관심이 늘어나고 있습니다. 건강한 교회의 연장선상에 선교적 교회가 있는 것입니다.

선교적 교회는 교회의 존재성이나 본질에 초점을 두는데, 선교를 교회가 지닌 기능의 하나가 아닌 존재의 표현으로 이해합니다. 선교를 지리적으로 구분하지 않으며 교회가 존재하고 있는 지역사회를 선교의 대상으로 봅니다. 따라서 물리적으로 멀리 떨어져 있는 다른 나라나 민족을 선교 대상으로 생각하고 집중했던 과거의 선교 관점에서, 교회가 현재 위치하고 있는 지역을 새로운 선교 대상지로 규정하고 그 지역에 거주하는 사람들을 선교 대상자로 인식하는 관점으로의 전환이 필요합니다. 건강함을 지향하는 선교적 교회를 개척하는 걸 목표로 하고 있는 저는 지역의 거주민들과의 만남을 적극적으로 모색해야만 했습니다. 이에 대한 내용은 2장에서 좀 더 자세히 다루겠습니다.

겉옷 갈아입기

교회를 개척할 때 해결되어야 할 또 하나의 중요한 과제가 있었습니다. 바로 돈이었습니다. 사실 이 문제는 거론하기가 매우 조심스럽습니다. 그리스도의 몸인 교회의 개척은 매우 거룩한 사역임이 분명합니다. 하지만 교회도 세상 속에 존재하는 공동체이므로 교회로 모여서 기능하려면 예배를 비롯한 여러 가지 활동을 할 수 있는 모임 장소가 필요합니다. 따라서 그 공간을 마련하기 위한 재정은 교회 설립의 필수 불가결한 요소일 수밖에 없습니다. 이런 현실적 문제에도 불구하고 '돈은 세속적'이라는 인식 때문에 개척하는 목회자는 선뜻 표면에 드러내 놓고 논하기를 조심스러워할 수밖에 없습니다. 개척을 준비하며 건강함을 지향하는 교회의 기준은 명확했지만 당장 교회 개척을 준비하는 시점에서 발목을 잡는 재정의 문제는 넘기 힘든 장벽이었습니다.

교회가 건강하게 세워져 가도록 모든 에너지를 집중해야 했습니다. 교회를 설립한 목적에 걸맞은 성장과 부흥을 향해 목회의 역량을 모아야 했습니다. 그러나 당장 맞닥뜨리는 재정 문제가 우선 해결해야 하는 너무나 큰 산이었습니다. 함께 예배하고, 교육하며, 교제할 장소와 제 가족이 거주할 공간을 마련하기 위한 재정이 필요했습니다. 매월 교회 운영비를 비롯해 사용 공간에 대한 유지 관리비가 필요할 것이고 목회자들이 다달이 살아가는 데 필요한 생활비 등 고정 지출 비용도 확보해야 했습니다. 이런 재정적 문제는 결코 쉽게 생각할 수 없는 장벽이었습니다.

넉넉하지 않은 재정은 교회로 모일 공간의 규모나 위치를 결정하는 데에도 많은 제약으로 작용합니다. 이런 어려움을 무릅쓰고 어렵게 개척을 시작했다고 해도 고민은 여기서 끝나지 않습니다. 재정이 부족해 열악한 시설과 환경에서 개척이 시작되면, 상대적으로 좋은 시설과 환경을 갖춘 같은 지역 내의 다른 교회에 비하여 경쟁력이 떨어지게 됩니다. 이는 개척 교회의 지체들을 모으는 데 매우 불리한 여건일 수밖에 없습니다. 공동체 멤버가 증가하지 않는다는 것은 곧 교회 공동체를 함께 섬기며 세워 나갈 인적 자원이 부족하다는 의미이며, 인적 자원이 부족해지면 재정 확보에도 부정적인 영향을 미치게 됩니다. 곧 교회가 여러 가지 기능이나 역할을 수행하는 데 어려움을 겪는 결과에 이르게 됩니다. 따라서 교회의 자립은 더욱 요원해질 수밖에 없습니다. 자립을 기대하기 힘든 적은 숫자의 교회 지체들에게 더욱 가중되는 재정적 부담은 또다시 멤버십 증가에 부담을 주는 조건이 됩니다. 계속되는 열악함의 악순환에서 벗어나기 어렵게 만듭니다. 결국 이 문제를 극복할 대안을 적절히 마련하지 않은 채 막연한 믿음과 기대로 교회 개척을 감행한다면, 건강한 교회를 결실하기는커녕 낙심과 절망 그리고 고통의 눈물만 흘리게 될 뿐입니다.

우리에게는 건강한 교회를 설립하기 위한 두 가지 과제, 교회가 자리 잡을 지역 주민들과의 만남을 위한 접촉점 찾기와 넉넉하지 않은 재정적 문제를 해결할 대안이 필요했습니다.

두 가지 고민에 대한 하나님의 지혜는 카페 형태를 가진 교회였습니다. 저는 우리나라 사람들 대부분이 즐기는 기호 식품인 커피를 매개로 한 카페의 모습으로 지역사회 주민들의 삶의 현장으로 스며들어가는 방법을 선택했습니다.

전통적인 교회의 기능에 중점을 두고 교인들의 모임을 위해 지어진 예배당 건물은 문제가 있습니다. 그런 형태는 교회에 대해 낯설어하는 세상의 이웃들을 만나고 그들의 눈높이에 맞추어 복음을 제시해 진정한 구원에 이르게 하는 교회의 궁극적 목적에 부합되지 않습니다. 점점 바빠지는 현대인들의 삶의 패턴에 맞게 교회의 기능을 감당할 효율적인 공간에 관심을 가져야 될 때입니다.

카페 형태의 교회 개척은 세상과의 접촉점인 근접 공간proximity space을 마련하고 부족한 재정의 문제를 극복하며 교회 공동체 모임 같은 기능을 수행하기에 적합한 매우 유용한 전략이라고 판단했습니다. 하지만 개척 후 2년까지는 많이 힘들었습니다. 목회자 모두가 SCAE유럽스페셜티커피협회 바리스타 자격증을 취득했지만, 교회 안에만 있었던 목회자들에게 자영업 형태의 카페를 통한 사역은 매우 생소했습니다. 미숙한 매장 운영은 수익에 큰 장애 요인이었습니다.

끊임없는 재정적인 압박은 개척에 동참했던 부목사님과 전도사님 가정에도 큰 타격을 주었습니다. 우리가 꿈꾸고 기대했던 이상은 참 아름다웠지만 현실의 삶이 뒷받침이 되지 못했습니다. 우리가 마주해야 하는 현실의 문제는 결코 만만하지 않았습니다. 서로 참고 격려하며 힘들게 견뎌 갔지만 결국은 각각 새로운 부르심의 자리로 움직여 가야 했고, 결국 이것 역시 하나님의 섭리임을 고백할 수밖에 없었습니다. 재정적인 어려움 때문에 처음에 시작했던 목회자들이 각자의 길로 떠나갔지만, 그 속에 담긴 하나님의 인도하심은 치밀하고 섬세했습니다.

건강함을 지향하는 목회 학습을 통해 많은 목회 자산을 축적하는 복된 여정이었습니다. 재정의 어려움도 해결되어 갔습니다. 힘들었던 2년이 지나는 동안 나름의 매장 운영 비법을 갖게 되었습니다. 단골 층이 두텁게 형성된 카페 에클레시아는 지역에 뿌리를 내리며 손익분기점을 넘기는 새로운 전환기를 맞이했습니다. 개척한 지 5년의 시간이 경과한 이 시점에서, 카페 운영이 안정된 상황을 근거로 이런 사역을 꿈꾸는 이들에게 이렇게 제안하고 싶습니다.

"어떤 형태의 개척이든지 초기에는 누구나 어려운 시간을 보낼 수밖에 없습니다. 접촉점으로서 유용한 장이라는 측면과 재정적 부담에 대한 적절한 대안이 되는 도구라는 측면을 두루 만족시키는 카페나 공방 같은 근접 공간을 활용하는 목회 전략이 더 많이 실행되기를 적극 권장합니다."

우리의 주님인 예수 그리스도께서 이 땅에 설립하신 교회는 그 본래의 목적에 맞게 건강하게 유지되고 운영되어야만 합니다. 따라서 건강한 목회 철학이 있어야 하고 건강한 교회 정체성을 세워 나가야 합니다. 그러기 위해서는 먼저 바람직한 교회 공동체의 모습을 위협하는 요소들을 제거해 내야 합니다. 저는 한국 교회를 위협하는 뿌리 깊은 세 가지 위험 요소가 '잘못된 목회자의 정체성 이해'와 '샤머니즘' 그리고 '이원론'이라고 생각합니다.

이번 장에서는 이 세 가지 벗어 버려야 할 위험 요소들 속에 담긴 문제점을 함께 나누어 보려 합니다. 이 문제를 극복해 보려고 몸부림쳤던 저의 목회 여정 가운데 함께하신 하나님의 은혜를 소개한 후, 대안을 제시해 보고자 합니다.

제사장이 죽어야 교회가 산다

제가 살고 있는 집에서 멀지 않은 곳에 꽤 큰 교회 건물이 새로 생겼습니다. 새로 조성되는 신도시 종교 부지에 지어진 웅장한 교회인데, 그 교회는 그 지역에서 신도시 개발이 확정되기도 전에 꽤 생뚱맞은 장소에 조립식 건물을 짓고 이전해 와 있었습니다. 그런 까닭에 그곳을 지나는 사람들은 '유명한 목사님이 목회하는 교회가 왜 이런 엉뚱한 위치에 조립식 건물을 짓고 들어왔을까?' 하는 의문을 가지고 있었습니다. 나중에 그 지역이 신도시 지역으로 개발이 확정된 후, 그 교회는 지금의 꽤 넓고 좋은 위치에 종교 부지를 불하받아 새 건물을 올리게 되었습니다. 그 모습을 보며, 저 같은 알 만한 목회자들은 씁쓸한 미소를 지으며 고개를 끄덕일 수밖에 없었습니다. 요즘 그 교회 앞에는 커다란 현수막이 걸려 있습니다. "○○교회 담임 목사 ○○○." 그리고 그 교회의 대형 버스들에도 하나같이 담임 목사님의 이름이 크게 적혀 있습니다.

그런데 얼마 전에는 제가 사는 아파트 승강기 안에도 교회 이름보다 더 또렷한 글씨체로 그 교회 담임 목사 성함이 새겨진 광고 거울이 붙었습니다. 방송에도 가끔 출연하는 그분의 이름이 교회 이름과 함께 전면에 내세워지는 것을 보면, 마치 큰 기업의 오너나 어느 건물의 소유주를 알리는 것과 같은 느낌이 들어 매우 불편함을 느낍니다.

민망함을 느껴야 했던 또 하나의 기억이 떠오릅니다. 어느 대형 교회 중직자의 카카오톡 프로필 창을 보고 매우 당혹스러움을 느꼈습니다. 얼굴이 잘 알려진 유명한 목사님이 그 중직자의 손자 머리를 어루만지고 있는 사진 아래에는 이런 글이 쓰여 있었습니다. '손자의 머리를 쓰다듬으며 격려해 주시는 당회장 목사님.' 카톡에 걸린 여러 장의 사진들 중의 하나가 아닌, 그분의 프로필 창 메인 화면의 내용이었습니다.

신약 성경에 나타나는 가장 중요하고 대표적인 교회 이미지는 그리스도의 몸이며 그 몸의 주인은 머리되신 예수 그리스도입니다. 하지만 오늘날 한국 교회는 이런 기본적인 인식조차 결여된 것처럼 보이는 행태들을 서슴없이 보이고 있습니다. 담임 목사님은 마치 회사의 사장님 같은 느낌을 주기도 합니다. 교회가 사용하는 건물의 주인처럼 느껴지는 목사님도 있습니다. 교회가 보유한 재산을 마치 본인의 사유재산처럼 인식하고 행동하는 목사님도 있습니다. 교회 공동체 전체가 본인의 결정에 따르는 것이 마땅하다고 생각하시는 목사님도 있습니다.

이런 경우들을 보면서 떠오르는 사람들이 있습니다. 예수님 당시 각양각색의 부패한 행동들을 일삼으며 백성들 앞에서 권위주의적으로 군림했던 제사장들입니다. 결국 그들은 자기들의 기득권을 위협하는 예수 그리스도를 십자가에 못 박았습니다. 지성소에서 하나님을 대면해 섬기는 일을 하던 사람들이 보여 준 최고의 아이러니한 사건이었습니다.

하나님을 주인으로 섬기는 그리스도인들이 본을 보여야 하는 덕목 중 하나가 예수 그리스도께서 보여 주신 겸손의 자세입니다. 이 부분을 좀 더 깊이 생각해 보아야 하겠습니다. 우리들이 일반적으로 정의하는 겸손은 사람들을 대할 때 나타내는 표면적인 태도입니다. 즉 '남에게 자기를 낮추고, 자기를 내세우지 않는 순한 태도'입니다.

그런데 교회의 머리이며 주인이신 예수님이 보여 준 겸손은 우리의 겸손과 본질적인 차이가 있습니다. 하나님이 죄인을 향해 작정하고 낮아지신 내면적이고 실제적인 사랑의 마음, 그것이 바로 진정한 예수님의 겸손입니다. 예수님은 하나님의 위치에서 사람의 위치로 자신을 낮추셨습니다. 뿐만 아니라, 사람으로서도 자신을 더 낮추어 목숨을 버려 죽기까지 하셨습니다. 그래서 사도 바울은 겸손의 최고 사례로 예수님의 성육신 사건을 이야기합니다. 예수 그리스도는 본래 하나님이셨지만 당신의 위상과 권세를 포기하시고 비우신 후, 스스로 종의 형체를 취하셨습니다. 낮고 천한 죄인인 인간의 모습으로 자신을 낮추신 것입니다.

따라서 그리스도의 제자인 우리가 머리이신 그분의 몸을 이루는 공동체라면, 우리가 취해야 할 모습은 권위적인 것과 사뭇 대비되는 그리스도의 겸손입니다. 자신을 낮추고 희생하며 남을 높이고 이롭게 하는 이 겸손의 자세야말로 예수 그리스도를 머리로 하는 몸된 교회 공동체의 구성원들이 보여야 할 마땅한 모습입니다.

하물며 목회자는 교회 공동체를 이끌어야 하는 교회의 리더입니다. 주님이 맡기신 이 땅의 양들을 주님 닮은 모습으로 섬겨야 하는 사명을 가진 자들입니다. 그런데 목회자가 오히려 높아지려 하고, 유명해지기를 바라면서, 권위자의 자리에서 군림하기를 탐하는 모습들을 너무나 쉽게 볼 수 있습니다. 이는 머리되신 주님의 마음을 아프게 할 뿐만 아니라, 교회의 진정한 사역을 방해하는 매우 불경스런 모습일 수밖에 없습니다. 그런데 한국 교회의 목회자들을 통해서 예수님 시절의 제사장들의 모습을 어렵지 않게 확인하는 현실이 개탄스럽기 그지없습니다.

저는 이런 현상들이 꽤 오래전 과거의 기독교 역사에서 비롯되었다고 생각합니다. 2017년은 종교개혁이 일어난 지 500년째 되는 해입니다. 종교개혁자 마르틴 루터가 살았던 16세기는 그야말로 크리스텐덤Christendom, 기독교 왕국 시대였습니다. 세상의 권력은 교황에게 집중되어 있었고, 권력의 중심 세력이었던 당시 사제들은 권위주의가 몸에 밴 부패할 대로 부패한 이들이었습니다. 사제들의 권위주의는 자신들이 제사장 직분을 수행하는 거룩한 자라는 잘못된 인식에서 출발했습니다.

하지만 기독교의 사제는 유대교의 제사장과 다릅니다. 제사장은 구약 시대에 꼭 필요한 직분이었습니다. 그러나 예수님이 이 땅에 오셔서 인류를 구원하신 후에는 모든 사람이 제사장의 자격을 얻게 되었습니다. 더 이상 제사장의 역할이 필요 없어진 것입니다.

그래서 루터는 모든 그리스도인이 사제의 중재 없이 누구나 하나님께 직접 기도할 수 있고 하나님으로부터 직접 죄를 용서받을 수 있는 '왕 같은 제사장'벧전 2:9임을 천명한 것입니다. 성경에 근거를 둔 루터의 만인제사장주의는 교회의 개혁을 위한 아주 중요한 핵심 주제였습니다.

그런데 지금 한국 교회에서는 만인제사장주의가 위협받고 있습니다. 정체성을 상실한 일부 한국 교회 목사님들의 권위주의 의식이 중세 가톨릭교회의 사제들의 권위주의보다 약하다고 말하기 어려운 현실을 많이 봅니다. 현재 한국의 개신교회는 루터가 꿈꾸던 500년 전 교회의 모습에서 많이 동떨어진, 교권주의와 부패로 물들었던 중세의 가톨릭교회의 모습을 그대로 보여 줍니다.

1999년도에 출판된 서적 중에 『공자가 죽어야 나라가 산다』는 제목의 책이 있었습니다. 그 책의 저자가 주장하고자 했던 내용을 다루고 싶은 생각은 없습니다. 단지 그 책의 제목을 빌려 이렇게 말하고 싶습니다. 변질된 목회자의 모습 속에 담겨 있는 '제사장이 죽어야 한국 교회가 삽니다.'

이 땅의 기독교가 다시 살아나려면, 교회 공동체가 건강함을 회복하려면, 교회가 존재하는 이유와 목적에 충실하려면, 이 시대 목사의 정체성을 구약 시대 제사장의 역할로 여기는 잘못된 인식에서 벗어나야 합니다. 예수 그리스도의 겸손한 섬김을 본받은 제자다운 목사의 모습을 되찾아야 합니다. 크리스텐덤 시대의 권위주의로 부패했던 성직자인 사제들의 모습이 더 이상은 재현되지 말아야 합니다.

벗어나야 할 교회 속의 샤머니즘

해마다 대학 입시 철만 되면 마치 종교 전람회 같은 풍경이 펼쳐집니다. 모든 종교들이 구분 없이 100일 기도회 같은 특별한 행사를 진행합니다. 이때만큼은 어떤 종교를 가지고 있는지 상관없이 거의 모든 종교에서 거의 같은 기도를 합니다. 기독교인은 교회 예배당의 십자가 앞에서, 불교인은 법당의 불상 앞에서, 특별한 종교가 없는 분들은 어떤 신령한 기운이 있는 것 같은 상징물 앞에서 아들, 딸, 손자, 조카의 대학 합격을 간절히 소원합니다. 이런 종교 전람회 같은 풍경은 대학 입시를 치르는 당일 시험장의 교문 앞에서 절정을 이루고, 시험이 끝나는 종소리와 함께 마무리됩니다. 그리고 우리는 떨리는 마음으로 결과를 기다리는데, 그 결과에 실제로 가장 큰 영향을 미치는 것은 100일 기도나 당일 기도가 아닌 수험생의 수고와 노력이라는 사실을 매년 반복적으로 확인합니다.

샤머니즘Shamanism에서 샤만이란 말은 시베리아의 퉁그스 족의 언어인 사만saman, 주술사에서 유래했는데 무녀 예언자나 의사를 뜻합니다. 만주족의 살만과 인도의 슈라마나sramana, 산스크리트어로 승려는 동일 계열의 어원으로 알려졌습니다. 샤만의 주된 역할은 병마를 축출하고 재난과 불행을 예방하는 일이었습니다. 샤머니즘은 원시 부족 사회에서부터 많은 사람들의 종교와 삶의 근간이 되어 왔을 뿐만 아니라 현대에 이르기까지 긴 역사를 이어 오며 사람들에게 그 영향을 끼치고 있습니다. 또한 샤머니즘은 우리나라의 전 역사 과정에서 결코 간과할 수 없을 정도로 많은 영향을 끼쳐 온 가장 오래된 종교입니다. 민간 층의 사고와 행동의 저변에 깔려 있으면서 한국 사람들에게 민간 종교로서 견고한 지위를 유지하고 있다고 할 수 있습니다.

언젠가 강남역 주변에 볼 일이 있어서 갔다가 역 뒤편의 골목에 적지 않은 타로점집이 있는 것을 보고 매우 놀랐던 기억이 있습니다. 그중 포장마차 형태의 어떤 타로점집 앞에서는 상당히 많은 여성들이 줄을 서서 차례를 기다리고 있었습니다. 요즘 시대의 일상적인 삶의 현장에서도 이처럼 샤머니즘과 긴밀하게 접촉하고 있는 모습들을 자연스럽게 확인할 수 있습니다.

그 이유를 매스컴 등을 통해 종종 듣게 되는데, 급격히 변화하는 세상을 살아가는 현대인들이 느끼는 미래에 대한 불확실성과 불안감을 해소하기 위한 방편이라는 것입니다. 이와 더불어 정부조차도 민족의 고유한 전통과 샤머니즘의 차이를 명확하게 구분하지 못하고 동일시하는 우매함을 보입니다. 이것이 이 시대를 살아가는 현대인들이 샤머니즘에 관심을 집중하도록 만드는 데 한몫했다고 생각합니다. 그래서 요즘은 샤머니즘을 미풍양속인 것처럼 이해하는 사람들도 적지 않습니다. 그런데 문제는 이처럼 오늘날 우리나라 사람들의 일상에 깊이 뿌리 내린 샤머니즘이 교회 내의 기독교 신앙에까지도 밀착되어 있다는 점입니다.

타종교 사상을 무비판적으로 수용해 혼합주의의 형태로 나타나는 샤머니즘은, 샤머니즘 토양에 외래 종교가 유입되는 경우에는, 그 종교의 상징적 양식들을 빌려 자신들의 필요에 맞게 사용되기도 합니다. 이로 인해 샤머니즘 사회에 들어온 타종교들은 본래 의미가 희석되거나 상실된 채 왜곡된 형태로 사람들에게 받아들여집니다. 그런 까닭에 외적으로는 두 종교가 혼합된 것처럼 나타나지만, 내면적으로는 샤머니즘 고유의 신념이나 가치 체계가 압도적 우위를 차지하는 것입니다.

그 대표적인 예를 몇 가지만 지적해 보겠습니다. 감성주의적인 예배의 형식, 목사에 대한 무속적인 기대, 보상의 심리로 하나님을 다하는 태도와 현세적인 안위를 목적으로 하는 신앙의 행위 등을 예로 들 수 있습니다. 이와 같이 우리나라에 기독교 신앙이 들어와 토착화를 이루는 과정에서 샤머니즘이 많은 부분에 영향을 미쳤다는 사실은 이미 우리도 잘 알고 있는 부분입니다.

아무리 샤머니즘이 지닌 혼합주의적인 특징을 감안한다 하더라도 이 땅의 짧은 기독교 역사에서 샤머니즘이 끼친 부정적 영향은 너무도 막강합니다. 기독교의 본질마저 흐려 놓는 결과에 이르렀다는 사실은 매우 우려되는 부분입니다. 이미 교회 안에 침투해 자리잡은 샤머니즘의 내용들은 무엇이며 그것으로 어떤 점이 훼손되었고 그것이 얼마나 심각한 영향을 끼쳤는지 다시 한 번 진지하게 살펴보아야 합니다.

샤머니즘이 교회에 끼친 부정적인 영향을 서울장신대학교의 장남혁 교수는 크게 세 범주로 나눕니다. 기독교인의 세계관에 영향을 미친 샤머니즘적 신념들, 기독교인들의 사역 및 봉사 활동에 영향을 끼치는 샤머니즘적인 가치들 그리고 예배 속에 들어온 샤머니즘적 정서와 태도들로 구분해 설명합니다.

저는 샤머니즘이 교회에 끼친 이 같은 여러 가지 부정적인 측면들 중 가장 심각한 폐해의 요소는 '기복주의'라고 생각합니다. 육체적 건강이나 경제적인 풍요를 바라는 기복주의의 특성상 공동체나 타인의 유익을 추구하는 사랑의 실천에 대해서는 매우 인색합니다.

실례를 하나 들어 보겠습니다. 제가 예전에 담임 목사로 섬겼던 교회에는 지하 1층 지상 5층 규모의 문화 센터 건물이 있었습니다. 제가 부임할 때까지만 해도 여러 가지 형편으로 그 건물을 제대로 활용하지 않고 있었습니다. 저는 부임 후 교회의 상황들을 점검하면서 문화 센터의 활용 방안을 새롭게 모색했습니다. 그리고 교회가 위치한 지역의 필요에 따라 복지관으로 사용하는 것이 매우 바람직하고 효율적인 쓰임이라는 판단을 했습니다. 그 당시 지역 주민들의 복지 여건이 매우 열악했기 때문에 문화 센터를 복지관으로 전환해 구청에 운영을 맡기면 매우 의미 있게 활용할 수 있을 거라는 연구 결과를 얻었기 때문입니다. 그래서 당회에서 이 문제를 논의했는데, 그 후 제 귀에 들려온 교인들의 반응에 제 귀를 의심했습니다. 교인들이 건축 헌금을 해서 건립한 문화 센터를 일반인들이 쓰도록 고스란히 내어 놓는 것을 마땅치 않게 생각한다는 것이었습니다.

기복주의의 가장 큰 특징은 그 대상이 개인이나 자기 가족에 한정됩니다. 우선적인 목적은 건강, 재물, 자녀의 복을 얻고 늘려 가는 것입니다. 이처럼 기복주의는 철저하게 나와 관련된 가족 정도로 그 범위를 제한하고 그 대상들만이 풍요를 누리기 바라는 이기주의적인 특성을 가지고 있습니다. 그렇기 때문에 샤머니즘에서 기인한 이런 기복주의는 기독교가 추구하는 본질과 상당한 차이가 있습니다. 따라서 이와 같은 기복주의에 매몰된 그리스도인들이 추구하는 삶은 교회의 존재 이유를 무너뜨리는 요인이 될 수 있습니다.

예수 그리스도의 사랑을 바탕으로 한 희생적인 섬김이야말로 기복주의와 반대되는 개념이고, 그것이 그리스도인의 참 모습입니다. 또한 이들이 지체로 있는 공동체인 교회는 성경이 말하는 참되고 영원한 복을 흘려보내는 통로로서의 역할을 감당해야 한다는 사실을 마음 깊이 새겨야만 할 것입니다.

이원론적 신앙 벗어나기

저는 한국 기독교의 기도원 전성시대라고 말할 수 있는 1980년대에 청소년 시기를 지나온 까닭에 여러 기도원을 두루 다녀 보았습니다. 중학교 3학년 여름방학 기간에 경험했던 매우 충격적인 사건이 있었는데 지금도 잊히지 않습니다.

당시 한국의 기독교인이라면 누구나 알 정도로 유명하고 우리나라 기도원 중 손에 꼽힐 정도로 큰 규모였던 '한얼산 기도원'에서 생긴 일입니다. 기도원의 예배당 안에는 월요일에 시작되는 집회에 참석하기 위해 3,000명가량의 사람들이 가득 차 있었습니다. 집회 시간 내내 딱딱한 바닥에 앉은 채로 그 많은 사람들이 박수를 치며 열성적으로 찬송을 부르고, 부흥 강사의 설교를 들으며 연속해서 아멘으로 화답하기도 했습니다. 집회가 마칠 즈음에는 큰 소리로 부르짖어 기도하며, 온 회중이 무아지경의 상태에 이르렀습니다.

집회를 마치고 쉬는 시간이 되었을 때 일이 벌어지고 말았습니다. 신발이 담긴 비닐 봉투를 들고 무질서하게 앉아 있거나 누워 있는 수많은 사람들 사이를 비집고 나오다가 잘못해서 그만 50대 정도로 보이는 한 여성의 손가락을 밟은 것입니다. 그러자 그 여성은 매우 험악한 얼굴로 집회 장소에 어울리지 않는 상당히 민망한 꾸지람의 말들을 직설적으로 뱉어냈습니다. 당황한 저는 죄송하다며 연신 고개를 숙였습니다. 밖으로 나와 물을 마시며 잠시 쉬는 동안에도 수많은 사람들 사이에서 큰 소리로 심한 질책을 들은 순간 느낀 민망함이 좀처럼 가시지를 않았습니다.

잠시 후 또다시 집회가 시작됨을 알리는 소리가 들려 왔습니다. 집회 장소로 들어가 제자리를 찾아가던 저의 눈에 잠시 전에 매우 불쾌한 낯빛으로 저를 꾸짖던 그 여성의 모습이 들어왔습니다. 그런데 두 손을 높이 들고 눈을 지그시 감은 채 찬송가를 부르는 그분의 얼굴은 잠시 전의 일그러진 얼굴과는 너무나도 대조적이었습니다. 이 세상의 어떤 기쁨을 경험했을 때와도 비교할 수 없는 행복을 느끼는 것처럼 천사 같은 얼굴이었습니다.

사춘기 청소년이었던 저에게 매우 거부감을 일으키는 상당히 충격적인 신앙인의 이중적인 그 모습을 지금도 잊을 수가 없습니다. 그리고 신학을 공부하면서 저는 그때의 그 장면이 한국 교회 내에 깊이 뿌리 내린 이원론적 신앙의 결과임을 알게 되었습니다.

이원론dualism은 일반적으로 근본적인 실재를 서로 대립하는 두 개의 것으로 주장하는 이론입니다. 기독교의 여러 개념들이 이원론적 대립의 구도로 이해됩니다. 예를 들면 천국과 지옥, 육과 영 그리고 하나님의 나라와 세상 나라 등입니다.

그러나 이런 것들이 있다고 기독교를 이원론의 종교라고 볼 수는 없습니다. 우리는 오직 하나님의 절대적 주권 사상을 통해 이원론의 유혹을 물리쳐야 합니다. 신앙인이라면 자신이 믿는 신앙의 대상과 신앙의 내용을 자신의 삶에 그대로 표현하는 것이 바람직합니다. 진정한 신앙은 신앙과 삶이 일치되어야 한다는 말입니다. 신앙과 삶이 다른 형태로 나타나는 것은 결코 바람직하지 않습니다.

안타깝게도 한국 교회에는 이러한 이원론적인 신앙이 뿌리를 내리고 있다는 걸 여러 경우에서 아주 자주 확인할 수 있습니다. 그리고 이러한 한국 교회의 이원론적 모습들은 오늘날 교회가 하나님의 나라를 구현해 나가는 데 커다란 장애 요인이 되고 있습니다. 많은 그리스도인들이 교회 안에서는 천국 백성다운 모습을 보여 줍니다. 하지만 교회 밖 세상에서는 그리스도인으로서 전혀 모범이 되는 삶을 보여 주지 못할 뿐만 아니라, 오히려 세상의 기준에 익숙한 사람처럼 행동합니다. 아니, 더 나아가 마치 내세의 구원을 보장받은 뒤 이 땅에서는 아무렇게나 살아도 되는 것처럼 행동하는 경우를 자주 봅니다. 현세와 내세 그리고 신앙의 영역과 비신앙의 영역을 완전히 분리하는 극단적인 이원론에 물든 사람으로 살아가는 것입니다.

이런 극단적인 이원론의 논리 속에 빠져 버린 사람은 나 자신과 하나님만이 존재하는 것으로 인식합니다. 그래서 나와 다른 사람들 사이의 관계는 고민거리에 포함시킬 필요조차 느끼지 않습니다. 오로지 하나님만을 믿기에, 그분만 의지하고 그분에게만 의탁하기에 모든 일들이 자신과 하나님의 관계에서만 해결되면 된다고 한정짓게 됩니다. 따라서 나 자신과 하나님의 관계에서 문제가 없는 것으로 인식하면, 그것으로 다른 모든 사람들과의 관계에서 생겨난 문제들도 해결된 것으로 여기고 스스로 마음의 자유를 얻는 것입니다.

한국 교회가 이런 극단적인 이원론적 신앙의 모습을 갖게 된 결정적 이유를 일제강점기에 겪은 수난과 핍박의 경험으로 해석하는 학자들도 있습니다. 압제의 고통이 가득한 이 세상을 떠나고 싶은 상황이 내세주의적인 신앙관을 형성했다는 것입니다. 이 같은 이유 때문인지는 모르겠지만 실제로 제가 사역하는 목회의 장인 카페 에클레시아를 통해서 기독교를 지나치게 이원론적으로 이해하고 있는 사람들이 적지 않음을 확인합니다.

우리 카페의 단골손님이 들려준 이야기입니다. 그분의 남편은 젊은 시절부터 몸담고 있었던 직장에서 명예퇴직을 했습니다. 이후 직장 생활을 하던 때에 지녔던 신앙의 열정을 바탕으로 군소 교단의 신학교에서 신학을 공부했습니다. 하지만 젊은 나이가 아니었던 까닭에 졸업 후 목회의 길 대신 사업의 길을 선택했습니다. 그러나 얼마 지나지 않아 그 사업은 실패를 하고 말았습니다. 가족들은 수입이 적더라도 안정된 직장 생활을 하라고 요청했습니다. 하지만 남편은 실패한 사업을 만회하려는 욕심에 다단계 회사에 들어갔고 이후 또다시 어려움을 겪게 되었지만 일확천금의 욕심을 버리지 못한 채 계속해서 무리한 계획을 추진하고 실패하는 삶을 반복했습니다. 그러다 결국 신용 불량자가 되어 버리고 말았습니다. 그리고 그 후유증으로 많은 빚만 가족들에게 남긴 채 집을 나간 지 꽤 오래되었다는 것입니다. 현재 그의 자녀들은 아버지를 아버지라고 부르지도 않습니다. 허물어질 가능성이 없어 보이는 견고한 마음의 벽이 아버지와 자녀들 사이에 가로놓여 있는 것입니다.

그런데 이런 사연과 함께 저를 매우 민망하게 만드는 안타까운 이야기를 듣게 되었습니다. 이는 과거 그리스도인이었던 그의 가족들이 신앙을 버린 이유와 관련이 있습니다. 현재 함께 살고 있지 않은데도 불구하고 남편은 가족들에게 여전히 무례한 태도와 요구를 지속하고 있다는 것입니다. 그러면서도 가족들에게 신앙인으로서 자신의 열심을 자랑하며 매일 아침 가족들을 위한 새벽 기도를 거르지 않고 있다고 큰 소리를 친다고 합니다. 이런 모습을 바라보는 가족들은 그가 열심을 내고 있다는 신앙생활에 대해 회의와 적대감을 가지게 되었습니다. 그리고 남편과 아버지가 가는 신앙의 길과 등지게 되었다는 것입니다. 참으로 안타까운 이 이야기는 우리 주변에서 쉽게 들을 수 있는 극단적 이원론이 주는 심각한 폐해의 한 실례일 뿐입니다.

천국은 이 땅의 삶을 마감한 후 내세에서만 경험할 수 있는 곳이 아닙니다. 오늘 우리가 살아가고 있는 이 세상에서도 실현되어야 하는 하나님의 나라입니다. 우리는 교회 공동체의 일원이며 세상 속에서 직장인, 남편과 아내, 자녀로 살아가고 있습니다. 세상 속의 삶과 천국을 사모하는 신앙인의 삶이 각각 구별되어서는 안 됩니다. 내세의 구원을 얻기 위해 신앙인으로서는 최선을 다하면서도, 이 땅에서의 삶은 적당히 때우거나, 신앙을 갖지 않은 사람들처럼 살아도 된다는 이원론적인 생각을 이제 한국 교회 안에서 깨끗이 정리해야만 합니다.

구약 제사장의 정체성에 편승한 일부 한국 교회 목사님들의 자기 정체성 인식 부족, 샤머니즘에 기인한 기복주의, 내세와 현세, 신앙의 영역과 비신앙의 영역을 분리하는 이원론적 신앙은, 이 땅에 거룩한 하나님 나라가 임하지 못하게 가로막는 장애물이 되고 있습니다. 따라서 한국 교회의 이 세 가지 문제들을 반드시 벗어 버려야 합니다.

하지만 바람직한 원칙을 현실에 적용하기까지 넘어야 할 장벽이 큽니다. 지금까지 누려 온 목회자로서의 기득권과 자본주의 시장 논리에 부합된 세속적인 풍요를 추구하는 삶을 거슬러야 하기 때문입니다. 하지만 하루라도 빨리 이런 문제들을 개혁하지 않으면 한국 교회의 미래는 불을 보듯 뻔합니다. 이런 것을 정리하고 제거하지 못한다면 종국에는 그런 교회가 하나님과 사람들에게 버림받을지도 모릅니다.

5월 어느 날의 통보

교회의 건강을 해쳐 온 과거의 옷 벗기를 과감하게 결단하고 실행할 때, 그것에 상응하는 하나님의 은혜를 경험할 수 있습니다. 저의 목회 현장에서 의지를 갖고 실천으로 옮겼을 때 하나님이 어떻게 이끌어 주셨는지에 대해 작은 일화를 소개해 드립니다. 하나님은 과거의 옷을 벗고 하나님이 주시는 새 옷을 입으려 결단하는 이들을 결코 그냥 내버려 두시지 않습니다.

2015년 5월의 어느 날 저녁 8시경, 혼자 카페를 지키고 있는데 단골손님 한 분이 문을 열고 들어섰습니다. 언제나 푸근하게 밝은 미소를 보여 주는 지연이 아빠였습니다. 지연이 아빠는 요식업소용 식자재 전문 유통 기업인 '농가식품'을 경영하는 사장님입니다. 1년여 전부터 카페에 오기 시작했는데, 거의 매일 퇴근 시간에 아내의 손을 꼭 잡고 오시는 충성스러운(?) 고객입니다.

당시 카페 에클레시아는 평일 오전 9시에 문을 열고 오후 9시면 문을 닫았습니다. 그래서 지연이 아빠와 엄마는 늦을까 봐 퇴근하면서 카페에 들러 커피를 마시고 갑니다. 그렇게 먼저 커피 한 잔을 마신 후 집에 가서 저녁 식사를 한다고 합니다. 1년 동안 거의 매일 얼굴을 보다 보니 우리는 많이 가까워졌고, 매일 저녁 여러 가지 소재로 이야기꽃을 피웠습니다. 회사 운영과 관련된 이야기, 소소한 가족들의 일상, 삶의 목표와 지향점에 관한 이야기 등을 함께 나누면서 거의 한가족처럼 지내게 되었습니다.

그런데 그날은 지연이 아빠가 혼자 왔습니다. 그는 언제나처럼 따뜻한 카페 라테를 먼저 주문한 뒤 자리를 잡았습니다. 저는 음료를 가져다 테이블에 놓은 뒤 지연이 아빠와 마주 앉았습니다. 커피를 한 모금 마신 지연이 아빠가 입을 열었습니다.

"목사님, 저희 회사가 위치를 조금 옮겨 새로 건물을 지은 거 아시죠?"

"예, 알지요."

농가식품은 전에 사용하던 사옥 가까운 곳에 커다란 2층짜리 창고형 건물을 새로 지었습니다. 그리고 그날은 건물 준공 검사를 받기 위해 하남 시청을 다녀오는 길이었다고 했습니다. 그런데 문제가 생긴 것입니다. 건물을 짓기 전 땅 주인에게 확인했을 때만 해도 그 땅에 건물을 지어서 식품을 제조하는 시설을 운영하는 것에 아무런 문제가 없었습니다. 그런데 막상 건물을 다 지은 후 시청에 허가를 받기 위해 수속을 진행하는 과정에서 그 땅은 식품 제조업에 사용할 수 없는 곳이란 걸 알게 된 것입니다. 전에 회사 건물이 있던 땅과 불과 몇 십 미터 떨어진 땅임에도 불구하고, 그 땅은 식품 제조를 할 수 없는 땅이었습니다. 이미 건물은 다 지어 놓고 사용 불허 판정이 났으니 참으로 난감한 상황이었습니다. 결국 식품을 가공하려고 준비했던 공간의 용도를 부득이하게 전환해야 할 상황에 처한 것입니다.

회사로 돌아와 직원들과 이 문제를 어떻게 할까 상의하던 지연이 아빠의 머릿속에 불쑥 카페 에클레시아가 떠올랐다고 합니다. 그때까지 바로세움정립교회 식구들은 주일마다 카페에서 예배를 드리고 있었습니다. 십자가와 강대상, 회중석이 있는 공간은 아니었지만 머리이신 그리스도의 몸된 지체들이 교회를 이루어 함께 예배하는 곳은 어디든 거룩한 교회라는 사실을 우리는 잘 알고 있었습니다. 그래서 커피 향이 은은하게 배어 있는 카페 에클레시아는 우리에게 너무도 소중하고 거룩한 예배 장소였습니다. 하지만 우리 카페를 좋아하고 목사인 저에 대해 애정을 품고 있었던 지연이 아빠의 눈에는 카페가 예배당으로 적합해 보이지 않았습니다.

그래서 지연이 아빠는 직원들에게 이런 말을 했습니다.

"우리 아파트 옆에 목사님이 운영하는 카페가 있는데 일요일마다 그곳에서 예배를 드리는 것 같더라고. 참깨 볶는 시설을 들이기로 했던 공간은 어차피 사용할 수 없으니 그 카페 교인들에게 예배당으로 내 주면 어떨까?"

지연이 아빠의 생각에 그리스도인이었던 부장님을 비롯한 직원들이 흔쾌히 동의했다고 했습니다. 그래서 그 결정을 통보하러 왔노라고 말씀하는 것이었습니다.

그 이야기를 들으며 저는 조금 당황스러웠습니다. 그래서 지연이 아빠에게 물었습니다.

"아니, 지연이 아빠, 우리가 허물없이 지내는 사이가 된 것은 맞는데요. 하지만 목사로 제가 어떤 사람인지, 우리 교회가 어떤 교회인지 잘 알지도 못하시잖아요. 그러면서 불교 신자이신 분이 왜 교회로 쓰라고 건물을 내 주겠다는 거죠? 이런 결정을 왜 그렇게 쉽게 하세요?"

그러자 지연이 아빠는 이렇게 대답했습니다.

"목사님, 제가 젊은 나이에 서울에 올라와서 지금 이 정도의 성공을 거두기까지 참 많이 고생했습니다. 그야말로 산전수전을 다 겪어 봤지요. 그리고 교회에 다니는 사람을 비롯해서 수많은 사람을 만나 봤어요. 그래서 제가 사람은 좀 볼 줄 압니다. 지난 1년 동안 목사님을 겪으면서 목사님에 대해서 많이 알게 됐습니다. 목사님이 그동안 저나 집사람에게 교회 나와라, 예수 믿어라 했으면 부담스러워서 진즉에 카페에 발길을 끊었을 겁니다. 그런데 한 번도 그런 얘기는 안 하셨잖아요. 그러면서도 진짜 목사다운 모습을 보여 주셨죠. 그래서 오늘 이런 결정을 내릴 수 있었습니다. 제 판단으로는 목사님이 한 번쯤 사고를 제대로 치실 것 같아서(?) 그때를 대비해 제가 덕을 좀 쌓아 두려고 그럽니다. 교회로 쓰실 곳은 크지는 않지만 1층 현관으로 들어가면 계단을 통해 바로 올라갈 수 있는 2층에 있습니다. 샤워실이 딸린 남녀 화장실이 독립되어 있으니까 쓰기 괜찮으실 겁니다."

갑작스런 그의 제안이 당황스러웠던 저는 다시 이렇게 말씀드렸습니다.

"지연이 아빠, 말씀은 정말 고맙습니다. 저에게 엄청나게 큰 사랑의 배려입니다. 하지만 지금 당장은 그 제안에 답을 드릴 수가 없네요. 왜냐하면 지연이 아빠가 주시겠다는 곳이 우리 교회 식구들이 예배할 곳으로 하나님이 준비하신 곳인지 교회 리더로서 제가 아직은 하나님의 뜻을 알 수가 없기 때문입니다. 확실한 하나님의 계획을 좀 더 확인해 봐야 답을 드릴 수 있을 것 같습니다."

저는 우리 교회 공동체를 향한 하나님의 뜻을 알아야만 했습니다. 그러나 지연이 아빠의 대답에 저는 더 이상 의문이나, 이의를 제기할 수 없었습니다. 그는 이렇게 말했습니다.

"목사님 그 부분은 걱정할 필요가 없습니다. 제가 지금까지 사업으로 이 정도 성과를 거두었다는 것은 일에 실수를 별로 하지 않았다는 증거입니다. 이번에 건물을 지으면서 제가 그 땅의 용도에 대해서 확인을 안 했겠습니까? 다 알아 봤습니다. 식품을 제조하는 데 아무 문제가 없었습니다. 그런데 다 지어 놓고 준공 검사 받으려는데 이 문제가 터진 겁니다. 허~ 참! 답은 한 가지입니다. 이건 저 위에 계시는 분이 이렇게 쓰게 하려고 미리 계획해 놓으신 것 아닙니까?"

그리고 웃으며 그가 남긴 말에 제 심장이 덜컥 내려앉았습니다.

"요새 불길한 예감이 듭니다. 이러다 내가 교회에 다니게 되는 거 아닌가 하는……."

아! 드디어……. 세상을 향해 찾아가는 목회의 도전에 대해 하나님이 빛을 보여 주신 것입니다.

지연이 아빠는 평생 불교인으로 살아왔습니다. 소싸움으로 유명한 경상북도 청도가 고향인 지연이 아빠는 총각 시절 3,000배를 두 번씩이나 했던 독실한 불교 신자였습니다. 사찰을 찾아가 몇 개월씩 지내기도 하고 스님들과 친분도 꽤 깊었습니다. 어린 시절 누구나 부활절이나 성탄절에는 한 번쯤은 가 보았다는 교회 예배당을 단 한 번도 가 본 적이 없다는 사람이었습니다. 그런데 그런 분이 자신의 입을 열어 하나님의 섭리를 이야기하며 오히려 목사를 설득하는 것이었습니다. 제가 지금까지 들어 알고 있는 일반적인 교회들이 예배당을 마련한 이야기와는 사뭇 달랐습니다. 보통은 남다른 열심을 지닌 신앙인들의 헌신을 통해 예배당을 마련했다는 은혜로운 간증이 넘쳐흐릅니다. 그런데 바로세움정립교회가 지금 예배하는 공간은 하나님의 섭리를 깨달은 내공 있는 불교인의 헌신으로 마련되었습니다. 그리고 이런 결과는 건강한 교회를 위협하는 요소들을 벗어내 보고자 노력한 시간에 대한 하나님의 은혜임을 부인할 수 없습니다.

2장을 시작하며 다루었던 내용처럼 건강한 교회를 개척할 때 교회 공동체가 세상 속에 존재하며 그 목적을 실행하기 위해서는 결코 간과할 수 없는 문제가 있습니다. 조심스럽지만 장소 마련과 그 공간을 유지하고 운영하는 데 필요한 고정 지출 비용 같은 재정적 문제입니다. 하나님은 저희에게서 이 짐을 덜어 주셨습니다. 그것은 건강한 교회가 세워지길 기대하시는 하나님의 격려였습니다.

속옷 갈아입기

1991년의 부활절은 제게 또 다른 의미가 더해진 날이기도 합니다. 제 할아버지 양찬석 목사님이 돌아가신 날이기 때문입니다. 평생 목회자로 헌신된 삶을 살면서 아홉 곳에 교회를 개척하고 설립하신 할아버지는 슬하에 여섯 남매 중 첫째 아들인 제 아버지 양태현 목사와 둘째 아들인 양태홍 목사 그리고 맏사위 유의선 목사에게 모범된 목회자이자 스승이셨습니다. 그분은 1991년 부활주일에 이 땅에서의 삶을 마무리하셨습니다. 자신의 둘째 아들이 담임 목사로 시무하던 교회에서 부활주일 설교를 들으며 아멘으로 화답한 후 예배당 의자 위에서 예배드리던 모습 그대로 숨을 거두셨습니다. 집 한 채, 방 한 칸 남긴 것 없이 은퇴 후 여섯 자녀들의 집을 순례하시다가 77세되던 그 해 부활주일 아침에, 통장에 있던 200만 원을 유산으로 남기고 이 세상을 떠나셨습니다. 어려서부터 그분은 제게 세종대왕이나 이순신 장군보다 위대한 인물이었고, 그 어떤 유명한 목사님보다 본받고 싶었던 롤모델이었습니다. 그분처럼 숭고한 삶을 살다 갈 수 있다면 그 길이 제게도 가장 가치 있는 인생일 것이라는 생각에 어린 시절부터 할아버지 같은 목회자가 되겠다고 다짐하곤 했습니다. 그리고 마침내 조부와 부친 그리고 숙부의 뒤를 이어 저도 한국 교회에, 한국 기독교의 부흥에 기여하겠다는 생각으로 목회의 길에 들어섰습니다.

이후 특별하게 베푸신 은혜를 따라 규모가 큰 교회들에서 담임 목사님들의 사랑을 많이 받으며 풍성한 목회의 자산을 쌓아 나갔습니다. 또한 그런 시간들이 전제가 되어 늦지 않은 나이에 중견 교회에 청빙되어 담임 목사로 사역을 시작했습니다.

그러나 제가 섬겨야 하는 한국 기독교의 상황, 한국 교회의 현주소는 제가 기대했던 것과는 매우 큰 괴리를 가지고 있었습니다. 실제 담임 목회 경험을 하며 대다수의 지역 교회들에 문제가 하나둘이 아니라는 것을 깨달았습니다. 정체성에 혼란을 겪는 교회들은 이미 제도화된 자신들의 틀 안에 교인들을 가두었고, 그 틀 안에 신앙이 고착된 교인들은 십자가 정신보다는 세속적 안정을 추구하는 데 더 많은 관심을 기울였습니다. 신학적으로, 신앙적으로 동의되지 않는 많은 부분들을 목도하고 맞닥뜨리면서 갈등하고 고민했고 아팠습니다. 결국 올바르게 교정되고 바뀌지 않으면 한국 교회는, 우리나라 기독교의 미래는 소망이 없다는 결론에 이르게 되었습니다.

500년 전, 본질을 놓친 교회에 거룩한 변화의 물꼬를 열었던 종교개혁이 다시 한 번 이 땅에 일어나야만 한다는 판단이 섰습니다. 그렇지 않으면 한국 교회가, 한국의 기독교가, 진정한 구원의 의미를 영영 깨닫지 못하는 종교가 될지도 모른다는 위기감에 아찔해졌습니다. 제가 안정된 목회 현장을 사임한 후 새로운 건강한 교회의 모델이 되기를 꿈꾸며 교회 개척에 도전한 것이 바로 그 때문입니다. 변화와 교정이 필요한 현실을 확인했으니 해법을 찾아야 했습니다. 문제점을 파악하고도 그냥 타협하는 것은 3대째 목회의 자리로 부르신 하나님께 올바른 태도가 아니라고 생각했기 때문입니다.

2012년 11월 마지막 주일. 드디어 바로세움정립교회가 첫 예배를 드렸습니다. 교회 공동체의 사역 도구인 카페 에클레시아가 문을 열었습니다. 하지만 이후 2년의 시간은 결코 만만한 여정이 아니었습니다.

하지만 그 긴 고난의 터널을 지나며 그 무엇과도 비교할 수 없는 놀라운 선물을 받았습니다. 제가 살아야 하는 이유, 목적, 목회자로서 정체성, 목회에 대한 의미를 깨달았습니다. 이 결실은 무엇과도 비교할 수 없고 바꿀 수도 없는 가장 크고 놀라운 은혜였습니다. 기존 교회에 익숙해 있었던 신앙인으로서 또 목회자로서 이미 습성이 되어 버린 저의 부정적인 모습들을 털어내는 정돈의 시간이었습니다. 점점 조여 오는 재정의 압박에 힘이 들기도 했지만, 이 또한 깊은 고민과 고통 속에서 하나님께 탄원할 수밖에 없도록 만드는 하나님의 초대장이었습니다. 그분의 초대에 탄식과 탄원으로 응답한 저에게 주님은 제 자신의 실체를 직시하고 저의 민낯을 보게 하셨습니다.

어느 날 석양이 내리쬐는 카페 바깥 인도의 경계석에 낙심한 채로 주저앉아 있는 저에게 주님이 찾아오셨습니다. 그분은 따뜻한 음성으로 제게 말씀하셨습니다.

"너는 여전히 너를 돋보이게 하는 좋은 옷을 입으려고 하는구나, 좋은 경험, 경력, 학력으로 네 몸을 감싸고 있으니까 내가 너를 위해서 지은 옷은 입힐 수가 없구나. 네가 바라는 좋은 옷들을 벗어 버리면 내가 너를 위해 준비한 옷을 입을 수 있는데……."

조용하고 부드러웠지만 충격적인 말씀이었습니다. 제가 지금까지 얼마나 세상적인 가치 기준에 맞는 옷들을 입으려 애썼는지, 세상의 화려한 옷감으로 제 몸을 더 감싸려고 했는지, 그것들이 얼마나 부질없는지를 고발하시는 성령의 두드림이었습니다.

저는 보다 본질을 추구하는 목회를 꿈꾸며 개척의 도전에 나섰습니다. 하지만 2년의 시간을 통해 저의 내면 깊은 곳에는 여전히 사도 바울이 배설물로 표현했던 가치에 마음을 두는 목회를 지향하고 있었다는 사실을 깨달았습니다. 저는 비교적 올바른 의식을 지닌 목회자라고, 기울어져 가는 한국 교회를 염려하며 대안적인 건강한 목회를 지향하는 사람이라고 자위했습니다. 하지만 그것은 깊은 위선이었습니다. 본질적 건강함을 추구하기에는 저 자신이 이미 기존 목회 토양의 양분을 빨아먹고 성장한 목회자라는 사실을 간과한 저의 착각이었습니다. 건강한 목회를 표방하면, 사람들이 좋게 여기고 인정해 주리라 생각했던 것입니다. 건강함을 지향하는 교회를 개척하면, 곧 경쟁력으로 작동해 교인이 늘어나고 교회의 규모를 키우는 데 긍정적인 효과를 미치리라 판단했던 것입니다. 제가 의식하지 못한 내면 깊은 곳에는 건강한 목회, 바른 목회를 함으로써 관심과 인정을 받고 지지를 받아 명성을 얻게 될 것이라는 기대가 있었던 것입니다. 지극히 세속적인 기준에서 여전히 자유롭지 못한 채로 시작한 개척이었습니다.

그런데 2년이라는 시간 동안 하나님은 제가 여전히 어리석고 세속적인 가치 기준을 가졌으며 그것에 목적을 두고 심지어 붙들려 있다는 사실을 깨닫게 하셨습니다. 저는 그 자리에서 무릎을 꿇었습니다. 눈물로 기도하며 돌이키겠다고 결단했습니다. 어린 시절에 할아버지가 설교하시는 모습에 깊은 감명을 받아서 목사가 되기를 소원했습니다. 아버지가 목회를 거부하고 탕자와 같은 시간을 보냈던 시절, 저는 초등학교 1학년 때 힘들고 고단한 가정환경 속에서도 예배당 마룻바닥에 무릎 꿇었습니다. 결코 아버지처럼 살지 않겠노라고, 주님의 마음을 아프게 하지도, 가족들을 고통스럽게 하지도 않겠노라고, 다만 주님의 양들을 이끌고 섬기라는 부르심에 순종하겠노라고 간절히 눈물로 기도하며 약속했습니다. 그런데 저의 현주소는 사뭇 달라져 있었던 것입니다.

그 후로 제가 입고 있던 옷, 입기를 원했던 옷들을 하나씩 벗기 시작했습니다. 그러자 점차 진정한 목회의 길이 보이기 시작했습니다. 제가 추구하는 목회의 결국은 숫자에 관심을 갖거나, 규모에 집착하거나, 명예를 얻고자 하는 것이 아니어야 함을 현장에서 명확히 깨달았습니다. 저를 벗어 버리는 것이고, 아무것도 갖지 않는 것이며, 그럼에도 불구하고 지금 제가 존재하고 있는 현실에 만족하며, 목회자로 섬기는 감격이 절정에 이르기만을 추구해야 하는 것입니다.

이런 비밀에 눈을 뜨자 제 마음에 또 다른 결론이 생겼습니다.

'이제 하나님이 허락하시면 언제든지 목회를 그만해도 될 거야. 인간적인 욕심으로 정년까지 가야겠다는 생각은 버리자.'

저는 목회자의 은퇴 시점을 목회 여정에 따라 나름의 결실을 거두고, 정년이 되었을 때라고 생각해 왔습니다. 하지만 이제 기준이 바뀌었습니다. 나이와 상관없이 하나님이 목회자로 제게 부여한 사명을 완수했다면 물러설 때입니다. 물리적 시간을 채우는 크로노스적 관점이 아닌, 길고 긴 역사 속에서 짧은 잠시의 시간일지언정 제게 부여된 역할을 완수하면 물러서는 카이로스적 관점으로 은퇴의 시점을 받아들여야 함을 깨달았습니다. 이런 결론을 얻게 되자 정말로 마음이 자유로워지기 시작했습니다. 어느 때든지 하나님이 사명을 완수했다고 인정해 주시고 놓아 주시면 일반적인 카페를 운영해 먹고사는 생업의 자리로 가면 된다는 확실한 기준이 제게 평안을 주었습니다. 위선 없는 태도를 바탕으로 본질을 추구하는 올바른 목회자의 자기 정체성 인식은 목회자의 내면을 감싸는 속옷software과도 같습니다. 자신에게 맞는 정결한 속옷으로 갈아입는 과정이야말로 생략되어서는 안 되는 바른 목회의 출발점입니다.

세 번째 고백

본질을 찾아서

"어느 날 문득 가족들의 저녁상을 치우다 이런 생각이 들었습니다.
'나는 왜 매일 카페 에클레시아에 가고 있는가?'
그리고 내린 답은 '그곳에 다 있으니까!'였습니다.
서로 돕고 섬기고 채워 주는 사랑스런 친구들이 그 공간에 다 있으니까요."
– 단톡방 에클레시아 멤버 김진희

"예전에 영어 강사님이 '유비쿼터스'라는 단어를 설명하면서
예시로 하나님의 존재에 대해 설명한 적이 있습니다.
그때의 나는 이른바 선데이 크리스천이었고,
강사의 설명에 큰 의미를 부여하지 않았습니다.
10여 년이 흘러 이런저런 이유로 교회에 다니지 않는 내가
카페 에클레시아를 통해 유비쿼터스적인 하나님의 존재를 이해하게 되었습니다.
카페 에클레시아는 예배당의 형식을 갖추지는 않았지만
소통하고 치유하며 하나님이 원하는 삶을 구현하고 있습니다.
그런 의미에서 내게 카페 에클레시아는 이미 교회입니다.
그래서 난 매일매일 교회에 갑니다!"
– 단톡방 에클레시아 멤버 배은정

3장에서는 건강한 교회에 대해, 그 본질은 무엇인가에 대해 신학적인 차원에 배경을 두고 살펴보려고 합니다. 이 내용은 저의 풀러신학대학원 목회학 박사 학위 논문 중 일부를 좀 더 읽기 편하게 정리해서 이 책에 옮긴 것입니다. 학문적인 내용을 담고 있어서 다소 부담스러울 수 있지만, 건강한 교회에 대한 신학적인 근거들을 통해 독자 여러분이 저의 목회 현장을 좀 더 깊이 이해하시도록 돕고자 이 책에 싣습니다.

건강한 교회

성경에서 '교회'라는 말은 신약 성경 마태복음 16장에서 예수님의 입을 통해 제일 처음 등장하는 것으로 확인됩니다. 예수님은 제자들에게 자신을 누구라 생각하는지 묻습니다. 그러자 베드로는 이렇게 대답합니다.

"우리의 주되신 당신은 그리스도시요 살아 계신 하나님의 아들이십니다."

베드로의 고백을 들으신 예수님은 이렇게 말씀하십니다.

"너는 베드로다. 내가 이 반석 위에 교회를 세우리니 음부의 권세가 이기지 못할 것이다. 내가 천국 열쇠를 네게 주리니……."

이 말씀에서 바로 교회가 등장합니다. 그런데 이 말씀에 대한 해석에서 천주교와 개신교의 교회 설립 근거가 서로 달라진 것입니다. 따라서 이 부분에 대한 올바른 해석을 통해, 올바른 교회 설립의 근거를 깨닫고 교회의 본질이 무엇인지를 정확히 인지하여야 합니다.

1. 주님의 교회인가, 우리 교회인가

천주교는 오랫동안 예수님이 수제자인 베드로에게 "내가 천국 열쇠를 네게 주리니"라고 하신 말씀을 근거로 베드로 수위권과 교황 수위권을 주장하고 있습니다. 예수님은 베드로를 통해 교회를 시작했고, 교회에 대한 수위권을 가졌고, 첫 교황이 되었고, 그 수위권이 다음 교황에게 계승된다는 것입니다.

하지만 개신교에서 칼뱅J. Calvin은 '반석'을 베드로의 신앙고백이라고 해석했습니다. 이 해석을 좀 더 보완한 오스카 쿨만O. Cullmann이나 래드G. E. Ladd 같은 학자들은 "내가 천국 열쇠를 네게 주리니"에서 '너'를 '고백자 베드로'로 해석했습니다. 따라서 고백자 베드로를 대표로 하여 이후 같은 신앙을 고백하는 우리 모두의 고백이 교회 설립의 근거라고 주장하는 가장 타당한 결론에 이르게 된 것입니다. 다시 말해 개신교는 베드로에게만 특별히 신적 권위에 버금가는 수위권이 주어진 것이 아니라고 이해합니다.

그 이유는 다음과 같습니다. 마태복음 16장 22절 이후의 성경 기록에서 명확하게 확인되는 내용이 있습니다. 앞에서 바른 답을 제시하였던 베드로가 잠시 뒤에는 예수님의 뜻을 거스르는 언행을 하는 장면이 나옵니다. 그러자 예수님은 베드로에게 "사탄아 물러가라"고

꾸짖으십니다. 따라서 상황에 따라 생각이, 또한 생각에 의한 판단이 변할 수밖에 없는 연약한 인간인 베드로는 결코 교회를 세울 반석이 될 수 없으며, 수위권을 주장해서도 안 되는 것입니다. 그러므로 그리스도인들이 함께 고백하는 바로 그 신앙을 고백한 '고백자 베드로'로 해석하는 것이 올바른 이해일 수밖에 없습니다.

베드로의 신앙고백을 들으신 예수님은 그 고백 위에 내 교회를 세우겠다고 선언하셨습니다. 이때 사용된 교회라는 단어가 바로 '에클레시아'ἐκκλησία입니다. 교회를 뜻하는 헬라어 '에클레시아'는 '-로부터'라는 뜻을 가진 전치사 '에크'ἐκ와 '부르다'라는 뜻을 가진 '칼레오'καλέω가 결합된 단어로 그 문자적 의미는 '부르심을 받은 자들의 모임'이 됩니다. 이 말을 해석하면 '세상으로부터 하나님의 부름을 받고, 세상에서 나와 하나님께 속하게 된 사람들,' 즉 '세상과 구별된 무리'라는 뜻입니다. 베드로의 고백에 예수님이 교회를 세우셨다면 지금 우리의 고백에도 예수님은 교회를 세우고 계신 것입니다. 특정 인물과 특정 권력에 세우신 것이 아닌 우리의 '고백' 위에 세우신 '에클레시아'입니다.

세상 사람들은 물론이고 많은 기독교인들조차도 오해하고 있는 내용 중의 하나가 예배를 드리는 건물로 교회를 이해하는 것입니다. 엄격히 구분하면 그리스도인들이 함께 예배드리며 모임의 장으로 활용하는 공간인 건물은 교회라고 부르기보다는 '교회당'이나 '예배당'이라고 해야 정확한 표현입니다. 교회에 대한 보다 바른 정의는 '함께하는 그리스도인 공동체'라고 보아야 합니다. 교회를 건물로 인식하는 이런 개념은 이보다 훨씬 더 근원적인 문제, 곧 교회 정체성의 위기라는 심각한 현상의 한 증상일 뿐입니다. 우리는 교회의 성격과 그 성경적 목적 및 사명을 잘못 이해하고 있습니다. 이것이 더 심각한 문제입니다.

이런 정체성의 혼란을 바로잡기 위해 우리가 간과해서는 안 되는 핵심 내용이 또 있는데 그것은 "또 내가 네게 이르노니 너는 베드로라 내가 이 반석 위에 내 교회를 세우리니 음부의 권세가 이기지 못하리라"고 말씀하신 신약 성경 마태복음 16장 18절의 예수님의 말씀에 대한 바른 이해입니다. 여기에서 예수님은 반석 위에 세울 교회를 '내 교회'라고 표현하셨습니다. 이는 바르고 진정한 교회는 무엇보다 예수님의 주인 되심이 확인되고 적용되어야만 한다는 중요한 핵심을 내포하고 있습니다.

이러한 교회에 대해 신약 성경 에베소서 1장 22절과 23절은 분명히 표현하고 있습니다. "또 만물을 그의 발 아래에 복종하게 하시고 그를 만물 위에 교회의 머리로 삼으셨느니라. 교회는 그의 몸이니 만물 안에서 만물을 충만하게 하시는 이의 충만함이니라." 이 말씀은 교회의 머리가 예수 그리스도라고 분명히 말하고 있는데, 머리는 몸을 움직이는 주체, 즉 주인이라는 의미입니다. 즉 교회는 거룩한 예수님, 주인이시며 머리 되신 예수 그리스도를 믿는 성도들이 모여 그분의 몸을 이룬 공동체라는 것입니다. 이는 몸의 지체된 성도들이 함께 모여 그 기능을 발휘하는 거룩한 모임 자체가 교회이며, 따라서 교회는 일반적인 모임이나 공동체와는 그 세워진 목적과 이유가 매우 다른, 세상과 구별된 공동체임을 말하고 있습니다. 예수님이 말씀하신 '내 교회'라는 말의 의미를 '내 뜻', '내 꿈'을 실현할 교회를 세우시겠다는 의지의 표현으로 이해한다면, 베드로가 우리의 대표자가 되어 신앙을 고백한 반석 위에 세워진 머리되신 예수님의 몸된 교회는, 바로 예수 그리스도의 뜻과 꿈을 펼치고 실현하는 건강한 공동체여야 마땅합니다. 그리스도의 몸이라는 말은 그리스도께서 자신의 피 값으로 사시고 친히 머리가 되사 주관하시는 공동체로서 교회의 척도와 지향점이 곧 그리스도라는 뜻이기도 합니다. 또한 교회가 그리스도의 몸이라는 것은 그분이 인간의 몸을 입고 존재하고 활동하셨던 것처럼 부활하신 그리스도가 유기적인 공동체를 새로운 몸으로 입으시고 다시 세상 속에서 존재하고 활동하는 방식을 뜻합니다.

초대교회 교부였던 아우구스티누스가 교회를 일컬어 '성육신의 연장'extention of incarnation이라고 말한 것이라고 이해합니다. 예수 그리스도는 사람의 몸을 입고 이 땅에 오셨기 때문에, 즉 성육신하셨기 때문에, 육신을 입고 오셨기 때문에, 그분은 자신의 몸으로 사역을 감당하셨습니다. 입술을 열어 복음을 선포하셨고, 진리를 가르치셨으며, 친히 자기 손으로 아픈 사람들을 어루만지고 고쳐 주셨고, 마침내 십자가의 죽음과 부활을 통해 구속 사역을 완성하셨습니다. 그리고 승천하여 오셨던 곳으로 떠나가셨습니다. 그 이후 그분이 하셨던 일들인 인류 구원의 사역이 지속되도록 하기 위하여 성령께서 오셔서 그리스도의 몸인 교회를 만드신 것입니다. 따라서 이 땅에 오셔서 왕, 선지자, 제사장의 역할을 감당하셨던 예수 그리스도가 머리되셔서 세워진 그분의 몸된 교회는 건강한 공동체로서 존재 이유와 사명을 감당해야 합니다. 그리하려면 교회는 이 땅에서 예수님과 동일한 복음을 선포하고, 예수님과 동일한 가르침을 실행하며, 예수님과 동일하게 아픈 자들을 치유하는 사역을 성실하고 지속적으로 감당해야 합니다. 이것이 바로 '성육신의 연장'이라는 말의 바른 이해일 것입니다.

오늘날 우리 교회는 예수님이 오신 목적을 잘 새겨 그분의 성육신의 의미를 지속적으로 실행하는 건강한 공동체의 역할을 성실히 수행해야 합니다. 그런 역할을 성실히 수행할 때 죽음 앞에 선, 심판을 향해 가는, 멸망할 수밖에 없는 인생들이 살아날 것입니다. 또한 구원의 도구로서의 사명을 충실히 이행하는 교회를 통해서, 놀라우신 하나님의 역사가 일어날 것입니다. 그 기적의 현장을 증거하는 증인의 사명을 다하는 교회의 모습을 보며, 세상은 교회가 존재하는 이유를 더욱 명확히 이해하게 될 것입니다. 따라서 예수 그리스도의 십자가를 통해 실현된 하나님의 구원의 은혜를 생생히 증거할 사명을 감당하는 것이 건강한 교회의 바른 기준입니다.

2. 건강한 교회에 대한 고민

교회는 세상의 일반적인 조직이나 사회적 기관들 중의 하나가 아니며 또한 사람들이 종교적 예배를 드리기 위해 모이는 장소도 아닙니다. 교회는 십자가 정신으로 세상을 변화시키기 위해 보혈의 토대

위에 세워진 예수 그리스도의 몸된 공동체입니다.

저는 현재 한국 교회가 맞닥뜨린 부정적인 상황의 핵심적인 원인이 공동체성의 상실에 있다고 생각합니다. 교회를 하나님의 계획에 따라 이 땅에 세워진 거룩한 공동체라고 정의한다면 그 속에는 몇 가지 중요한 진리가 포함되어 있음을 기억해야 합니다. 교회는 인간의 계획이나 목적에 따라 세워진 공동체가 아니라 삼위일체이신 하나님이 그분의 필요에 따라 세우신 공동체라는 사실입니다. 이 공동체에는 하나님이 구별하여 부르신 하나님의 백성들이 존재하는데, 이들에게는 부여된 책임이 있다는 것입니다. 따라서 공동체로서의 교회에 대한 바른 이해와 이 교회 공동체를 향한 하나님의 요구가 무엇인지에 대하여 명확히 이해했을 때 비로소 건강한 교회로서 회복이 가능해질 것입니다.

건강한 교회의 기준을 다시 새기고 나아가 건강한 교회 회복의 조건을 점검하는 데 있어서 놓치지 말아야 할 것이 있다면, 그것은 '흩어지는 교회'의 개념입니다. 교회는 크게 두 가지 개념, 즉 모이는 교회와 흩어지는 교회로 존재한다고 말할 수 있습니다. 앞에서 살펴본 대로 교회를 뜻하는 헬라어 '에클레시아'는 '부르심을 받은 자들의 모임'으로서 하나님이 특별한 목적이 있어서 불러낸 공동체를 가리킵니다. 그러나 '세상으로부터 하나님의 부름을 받고, 세상에서 나와 하나님께 속하게 된 사람들'의 모임의 목적이 함께 모여 예배하고 교제하며 서로를 격려하고 서로의 필요를 돌아보는 것으로 제한되어서는 안 됩니다.

오늘날 한국 교회는 '모이는 교회'만 강조하다 보니 여러 가지 비본질적인 것들에 에너지를 빼앗기는 결과에 이르렀습니다. 모임을 위한 건물이 교회를 상징하는 중심이 되다 보니 많은 사람을 수용하기 위해 예배당을 키우고 다양한 모임을 위해 부속 시설을 늘리며 주차 공간을 마련하는 데 집중하게 되었습니다. 그리고 모이는 교회를 강조하다 보니 우리들의 삶의 현장에서의 부르심, 즉 소명을 감당하지 못하는 안타까운 현실을 경험하고 있습니다. 신앙적인 영역과 일상의 영역이 분리되는 바람직하지 않은 현상이 나타납니다. 여러 모임을 위해 거의 매일 교회에는 가면서 정작 자신의 가족들에게 소홀하거나 주위의 이웃을 만나는 일에는 관심을 두지 않습니다. 그런데 오히려 이것을 열심 있는 신앙인의 모습으로 당연하다고 여기다 보니 신앙의 영역을 점점 교회 생활로 제한하게 되는 것입니다.

또한 모이는 교회를 강조하다 보니 목회 전문가인 목회자가 주도하는 목회자 중심의 신앙생활을 하게 되었습니다. 오늘날 교회에서는 모임을 강조합니다. 각종 예배와 성경 공부를 비롯한 다양한 프로그램에 열심히 참여하라고 강조합니다. 그런데 문제는 무엇을 위한 모임인지, 모임 이후 삶의 현장에서 그리스도인으로서 무엇을 해야 할지에 집중하기에는 이미 너무 많은 에너지를 소진해 버렸습니다. 모이는 공동체에 집중하다 보니 교회의 목적은 제도적인 교회의 교세 성장으로만 치닫는 결과를 낳았습니다. 이런 현상은 한국 교회에 만연해 있습니다. 이것은 건강한 교회와는 거리가 먼 참으로 안타까운 모습입니다.

교회의 삶은 모여 있는 공동체만의 삶이 아닙니다. 교회의 삶은 모여 있던 공동체가 흩어져서 살아가는 삶 전체를 포함합니다. 그렇다면 '흩어지는 교회'의 의미는 무엇일까요? 흩어지는 교회는 세상 속으로 보냄 받아 각자에게 주신 소명을 감당하는 것을 의미합니다. 교회가 '모이는 교회'에 치중하다 보면 상대적으로 세상에 대한 책임은 소홀히 하게 됩니다. 하나님은 교회도 사랑하지만 자신이 창조하신 온 세상을 사랑하십니다. 그래서 교회가 세상을 향한 역할과 책임을 감당하기를 원하십니다. 교회 공동체를 구성하는 지체들이 그들의 삶의 현장에 흩어져서 하나님의 백성답게 거룩한 영향력을 행사함으로써 세상의 자리에서도 교회의 모습과 다르지 않은 선한 결실을 맺기를 바라십니다.

따라서 모이는 교회와 세상에 흩어져서 선교적 사명을 감당하는 교회가 아름다운 균형을 이룰 때 진정으로 건강한 교회의 모습을 회복하게 된다는 점을 명심해야 합니다. 몸된 교회의 머리는 그리스도이십니다. 몸은 머리이신 그리스도께서 이 땅에 오셔서 어떤 삶을 사셨는지 기억하고 그 뜻을 따라야 합니다. 예수 그리스도께서는 사람들을 모으시기보다는 세리와 창녀, 병든 자들에게 찾아가 함께 먹고 마시며 복음을 선포하고 가르치며 그들의 병을 고쳐 주셨습니다. 그분을 닮아 가고, 그분에게까지 자라야 하는 교회 공동체라면, 우리를 부르신 부르심, 우리에게 부여된 사명을 감당하는 데 최선을 다해야 합니다.

오늘의 한국 교회가 건강함을 많이 잃어버린 주요 요인을 꼽는다면 그것은 교회 공동체를 이루는 지체들에게 자신들의 정체성을 바르게 인식시키지 못한 것과 더불어 교회의 본질과 존재 이유 및 교회로 부르신 이유에 대해 올바르게 가르치지 못했기 때문입니다. 그 결과 아직도 한국 교회 안에는 목사를 제사장으로 이해하며 목회자만이 하나님의 일을 하도록 부름받은 존재인 것처럼 이해하는 사람들이 적지 않습니다.

이처럼 목회자만 하나님의 부르심을 받은 소명의 사람이라고 이해하게 되면 자연스럽게 평신도의 정체성은 수동적이고 피동적인 입장에 머무르게 만듭니다. 평신도는 스스로를 예배를 보는 군중으로, 또한 목회자를 비롯한 리더십에 맹목적으로 순종해야 하는 대상으로 인식하게 됩니다. 목회자와 평신도의 구분은 신약 성경 어디에서도 전혀 그 근거를 찾아볼 수 없습니다. 그럼에도 불구하고 교회 안에서 그러한 인식과 관행은 끈질기게 유지되고 있습니다.

'평신도'Laikoi라는 용어는 1세기 말엽에 로마의 클레멘트가 처음 사용했는데, 이 용어는 성직을 맡은 자에 비해 열등하고 평범한 일반 그리스도인을 지칭하는 의미로 사용된 단어가 결코 아닙니다. '평신도'라는 말은 '하나님의 백성'을 의미하는 단어인 '라오스'에서 파생되었습니다. 평신도laos는 하나님의 온 백성이 누리는 엄청난 특권과 사명을 내포하는 대단히 영예로운 호칭입니다.

한편 '클레로스'kleros라는 헬라어에서 유래된 '성직자'clergy라는 단어는 '지명된 혹은 상속받은 자들'이란 뜻입니다. 그런데 성경에서 이 단어는 백성들의 지도자가 아니라 모든 백성 전체를 의미하는 말로 사용되고 있습니다. 즉 교회 안에는 하나님의 자녀들 가운데 구별하는 조건이나 근거가 전혀 없으며, 따라서 성직마저 다른 성도들과 구별되는 기준이 될 수 없습니다.

교회는 택함을 입은 자들의 모임이기에 예수 그리스도를 믿는 모든 사람은 택함을 받은 하나님의 백성이고 또한 하나님 앞에서 신분의 구별이 없는 평등한 하나님의 자녀들입니다. 그러므로 평신도는 교회의 객체가 될 수 없습니다. 평신도는 정기적으로 예배에 나와 경건한 분위기에 잠깐 감명을 받고 돌아가는 관람객이나 교회의 운영에 보탬을 주는 단골손님이 아닙니다. 더욱이 주님의 명령에 마지못해 움직이는 하인도 아닙니다. 평신도는 그 말의 본래 의미대로 하나님의 백성이며 교회의 주체입니다. 이제부터라도 한국 교회가 공동체를 이루는 지체들에게 자신들의 정체성을 바르게 인식시키며 교회의 본질과 존재 이유 및 교회로 부르신 이유에 대해 올바르게 가르친다면 건강한 한국 교회의 미래를 기대할 수 있을 것입니다.

지금까지 한국 교회들은 세상이, 사람들이, 또는 지역 사회에서 경쟁 대상으로 인식해 온 다른 교회들이, 우리 교회를 어떻게 평가할 것인가에 기준을 두고 양적 성장을 목표로 삼아 왔습니다. 이제는 우리 교회들의 머리이며 주인이신 예수 그리스도의 요구에 부응해 교회의 본질을 회복해야 합니다. 주님의 명령에 대하여 즉각적이고 온전한 순종과 아름다운 협력을 통해 우리 가운데 다시 사시고 역사하시며 머리되신 예수 그리스도의 몸된 사역을 진행해 나가며 내적으로 점점 더 자라 가는 진정한 성장의 은혜를 경험해야만 합니다. 오늘날 이 땅에 존재하는 교회가 예수님이 오신 목적을, 예수님의 성육신의 의미를 지속적으로 실행하는 건강한 공동체의 역할을 성실히 수행할 때, 그 사역들을 통하여 죽음 앞에 서서 심판을 향해 가는, 멸망할 수밖에 없는 인생들이 살아날 것입니다.

3. 와 보라의 역설

그동안 한국 교회가 각종 전도 집회에 가장 애용해 온 슬로건은 아마도 '와 보라'가 아닐까 싶습니다. 이 '와 보라'라는 말은 신약 성경 요한복음 1장 39절, 1장 46절 그리고 4장 29절 세 곳에서 확인됩니다. 1장 39절의 '와 보라'는 세례 요한의 제자였던 안드레와 요한의 질문에 대한 예수님의 대답입니다. 그들은 "랍비여 어디 계시오니이까?"라고 물었습니다. 이 질문은 "지금 어디에 머무르고 계신지 알려 주시면 따로 찾아뵙고 선생님과 함께 교제를 나누고 싶습니다"라는 의미였습니다. 예수님의 바로 이 질문에 "와 보라"고 답변하신 것입니다.

1장 46절의 '와 보라'는 예수님께 제자로 부름받은 빌립이 자기 친구인 나다나엘을 만나 예수님을 메시아로 소개할 때 나다나엘이 의구심을 나타내자 던졌던 말입니다.

또한 4장 29절의 '와 보라'는 수가성에 있는 야곱의 우물에서 예수님을 만난 사마리아 여자가 자기 동네 사람들에게 달려가 예수가 그리스도이심을 증거하며 전했던 말입니다.

이렇게 세 번 등장하는 '와 보라'는 말은 그 취지와 의도가 한 가지로 동일합니다. 예수님이 그리스도이신 것을 확인할 수 있도록 안내하는 말입니다. 그래서 우리 한국 교회는 예수 그리스도를 전하는 집회의 슬로건으로 이 말을 가장 많이 선택했습니다.

그런데 이 초대의 말이 본래의 목적과 취지를 많이 벗어나 쓰이고 있는 듯하여 마음이 불편합니다. 어느 목사님이 목양 칼럼에 쓴 내용 중에 이런 문장이 있었습니다. "우리 교회에 와 보라, 구원의 기쁨과 감격이 있지 않느냐! 이렇게 말할 수 있는 사람은 복이 있나니 천국이 저희 것이라." '와 보라'가 예수님보다 우리 교회를 홍보하는 초청의 말로, 예수님이 남기신 산상수훈의 말씀은 목사님이 상황에 따라 차용하고 선언하는 문구로 쓰였습니다. 또한 몇 년 전 어느 교회 주일학교의 성탄절 행사 초청 포스터를 본 적이 있습니다. '와 보라 성탄 페스티벌'이라는 타이틀 아래 담긴 포스터의 내용은 이러했습니다. "신나는 공연, 푸짐한 선물 추첨, 맛있는 간식, 처음 오는 친구들 모두에게 레인보우 시계 선물~!"

예수가 그리스도이심을, 구원의 주이심을 알리고, 그분을 통한 구원의 길을 안내하는 교회의 집회가 아닌 흥미를 북돋우고 재미를 기대하게 하는 오락회를 개최하는 교회로 느껴집니다. 사실 이런 모습은 제가 어린 시절 다녔던 교회학교에서는 훨씬 더 일반적이었습니다. 1980년대 이전까지만 해도 교회 예배당은 지역사회에서 가장 매력적인 장소였습니다. 가정에 악기가 흔하지 않던 시절에 악기로 연주하는 음악이 있었고, 다양한 교육 보조 재료를 이용하는 교회학교가 있었으며, 서구에서 들여온 세련된 프로그램들이 소개되었습니다.

문제는 이런 매력적인 요인들로 인해 세상 사람들이 동경하는 곳이 되자, 교회는 그 지역 주민들의 삶과 의식을 이끄는 중심체라는 잘못된 자기 이해에 매몰되었습니다. 그렇게 지역사회에서 일어나는 모든 중요한 일에 중심 역할을 해야 한다는 정체 의식이 고조되면서 자신 있게 '와 보라'고 소리칠 수 있었던 것입니다.

어쩌다 우리 한국 교회의 현주소가 여기에 이르렀을까요? '와 보라'는 주님이 제자를 부르실 때, 그 제자가 또 다른 제자를 초청할 때 사용한 말이었습니다. 즉 예수를 알고 믿게 하여 진정한 복음의 가치를 깨닫게 하려는 목적이 전제된 초청의 말입니다. 그런데 그런 본질적 목적을 벗어나 세속적 가치 제공에 무게중심이 쏠린, 그야말로 주객이 전도된 현상 같아 굉장히 안타깝습니다.

이제 '와 보라'의 역설에서 벗어나야 합니다. 지역의 중심으로 자리 잡은 채 세상 사람들의 필요를 채워 줄 수 있는 고귀한 종교 공동체 같은 권위적 모습을 버리고, '와 보라'의 본래 의미를 회복한 구원 공동체로 거듭나야 합니다. 신약 성경 마태복음의 마지막 장 마지막 부분에서 주님이 교회에게 주신 대사명에 담긴 교회의 본질적인 모습을 회복해야만 합니다. "너희는 가서 모든 민족을 제자로 삼아 아버지와 아들과 성령의 이름으로 세례를 베풀고 내가 너희에게 분부한 모든 것을 가르쳐 지키게 하라"는 명령을 따라 교회가 세상을, 지역사회를 향해 찾아가서 기독교 교리가 아닌, 그 속에 담겨 있는 예수님의 핵심적인 가르침인 사랑이 무엇인지를 전해 주어야 합니다.

기독교는 교회로 사람들을 꾀어내 등록 교인을 증가시키는 것에 목적을 두는 종교 집단이 아닙니다. 기독교는 예수를 바로 알고, 그분을 통한 구원의 의미를 깨달으며, 구원을 소유해 구원받은 하나님의 자녀로 이 땅을 살다가 장차 죽음 이후의 영원한 삶을 보장받게 하는 진리의 길을 안내하는 종교입니다. 교회가 존재하는 가장 큰 목적은 구원의 주이신 예수를 만나도록 소개하는 일입니다. 교회를 통해 예수를 만나게 안내하는 것이지, 교회에 오게 하는 것이 존재의 목적이 아닙니다. 그런데 예수님이 아닌 교회가 주체가 되고, 예수님이 아닌 교회가 중심이 되어 버린 듯한 느낌은 저만의 착각일까요? 이제 교회들이 우리에게 '와 보라'는 외침을 내려놓고, 오롯이 예수 그리스도에게만 집중하도록 하는 존재의 목적을 회복해야 합니다.

그러기 위해서는 교회가 세상의 어떤 부분을 어떤 모습으로 섬길 수 있는가를 알아내기 위한 접촉점 선택이 매우 중요합니다. 이를 다른 말로 표현하면 '선교적 교회론'에서 중요한 핵심 사항으로 인식하는 '접촉점'을 통해 교회가 만나는 사람들이 무엇을 고민하고 있으며, 어떤 요구를 하고 있는지 경청하는 것이 무엇보다 우선해야 한다는 것입니다. 오늘날의 현대인들과 그들의 가정들이 무엇 때문에 아파하고 있고, 무엇을 힘들어 하며, 어떤 문제들에 직면하고 있고, 그 문제들에 어떻게 대응하고 있는지를 파악하는 일이 우선적으로 필요합니다. 점점 더 양극화되고 있는 이 시대에 우리 지역의 믿지 않는 사람들은 무엇을 아파하고 힘들어 하는가를 알아내는 작업의 비중이 크다는 말입니다.

이런 작업을 수행하기 위해서 준비해야 할 접촉의 장이 바로 '근접 공간'입니다. 기존 신자인 교회 공동체의 지체들과만 교제하는 공간 대신 같은 지역에 살고 있는 불신자들 속으로 들어가서 그들과 시간과 공간을 공유하는 장이 바로 근접 공간입니다. 교회는 접촉점인 근접 공간을 통해 그들의 필요를 알아냄으로써 그들을 섬기는 일을 수행할 수 있게 됩니다.

꽤 오래전인 1994년 7월 1일자 연합신문은 당시 우리나라 '가전 3사'로 불렸던 삼성전자, 금성사, 대우전자의 치열한 서비스 경쟁을 기사로 실었습니다. 당시 가전 3사는 각각 '찾아가는 서비스' '고객 사랑 서비스' '세계 최고 수준의 서비스' 등의 슬로건을 내걸고 갖가지 아이디어를 동원해 서비스 경쟁을 벌이고 있었습니다. 그중 삼성전자는 서비스 부문의 비용을 전년에 대비해 90퍼센트가량 늘리고 증가분 전체를 '찾아가는 서비스'를 구현하는 데 쓸 계획이라고 밝혔습니다. 24시간 365일 서비스 체계를 갖추고 차량과 무선통신을 동원한 이동서비스센터의 운영, 산간벽지나 낙도 등 취약 지역에 대한 정기 순회 서비스를 강화한다는 내용이었습니다. 기업들은 이미 20년 전부터 바뀐 세상에 적응하기 위해 몸부림을 쳤습니다.

그리고 2017년 현재, 우리는 1994년에 비견할 수 없을 만큼 빠르게 변하는 세상에 살고 있습니다. 그런데도 교회는 1980년대의 꿈 같은 시절에만 머무르려 하는 건 아닌가 걱정됩니다. 고착된 자리에서 권위적 태도로 내뱉는 '와 보라'가 아닌, 마치 예수님이 높고 높은 고귀한 하늘의 보좌를 버리고 낮고 천한 이 땅에 우리와 같은 모습으로 찾아오신 것처럼, '예수 그리스도의 성육신의 연장'인 우리 교회들도 세상의 익숙한 문화와 관습과 언어와 코드를 통해 '찾아가는 서비스'를 실행해야 합니다. 이것이 건강한 한국 교회로 회복하는 대안일 것입니다.

복음을 선포하는 교회

사도행전을 통해 확인되는 초대교회는 다른 무엇보다도 예수를 그리스도라고 증거하는 복음을 전하는 사역에 집중했습니다. 그러면서도 오늘날의 교회처럼 교회가 사회에서 빛과 소금의 역할을 감당하지 못한다고 비판받거나 공격받지도 않았으며 오히려 세상의 모든 사람들에게 칭송을 받았습니다. 이는 현대 교회의 문제점이 도덕성과 사회성의 결핍보다는 보다 더 근본적인 문제가 있었음을 암시하는 것입니다. 곧 현대 교회가 그렇게 되도록 원인을 제공했다는 것입니다. 곧 현대 교회가 '복음'에 대해 깊이 이해하지 못하고 있으며 '복음'을 깨닫게 하는 일에 실패하고 있다는 것입니다.

1. 복음은 무엇인가

그렇다면 복음은 과연 무엇일까요? 성경에 쓰인 '복음'이라는 단어는 본래 전쟁의 승리나 왕위의 등극과 같은 소식을 언급하기도 하고, 새로운 생명의 탄생을 알리는 것과 같은, 훨씬 세속적인 선언이기도 했습니다. 그런데 초대교회 그리스도인들은 이 어휘를 차용해 그 속에 예수 그리스도의 죽음과 부활의 사건, 즉 우리를 위한 하나님의 구원 사건이라는 새로운 내용을 담아 진정한 복음이라고 전했습니다.

요즘 많은 사람들이 주목하는 작가 중 한 명이며 「뉴스위크」 지로부터 '21세기의 C. S. 루이스'라는 찬사를 받은 팀 켈러Timothy J. Keller 목사의 설명이 복음에 대해 좀 더 쉽게 이해할 수 있도록 도와줍니다. 그는 갈라디아서의 기록으로 복음에 대해 설명하는데, 예수 그리스도의 죽음과 부활을 통한 하나님의 구원 사건이라고 말합니다. 하나님이 예수님을 통해 주신 구원은 세상의 다른 어떤 유혹적인 거짓 구원과 비교할 수 없다고 말합니다. 완전히 거덜 난 우리가 어떤 공헌도 없이 예수를 통해 구조를 받는 것이라고 설명합니다. 많은 복음주의자들이 이 복음을 기독교로 입문하는 가입 의식 정도로 인식해 왔습니다. 그러나 사실 복음은 우리가 그리스도 안에서 시작하는 방법일 뿐만 아니라 그리스도 안에서 자라 가는 방법으로, 다른 모든 기독교 덕목들의 중심입니다. 따라서 건강한 교회라면, 신앙 공동체의 가장 기본적인 기능인 예배를 통해 바른 복음의 메시지가 전해져야 합니다. 그래서 교회의 구성원들이 복음에 합당한 정신으로 살아갈 것을 결심하고 실천하게 해야 합니다.

2. 복음이 없어서

복음은 예수 그리스도의 대속적 죽음과 부활을 통해 온 인류를 살리는 하나님의 구원 사건을 일컫습니다. 오늘의 교회들이 복음이라는 단어를 언급하고는 있지만, 진정한 복음의 의미를 선포하는 것과 복음적인 삶에 대한 강력한 요청과 점검의 의지는 그다지 크지 않다는 것을 발견하게 됩니다. 진정한 복음이 온전히 선포되고 그리스도인의 삶에 올바른 영향을 끼쳤다면, 오늘날 우리가 세상의 현실을 보며 이토록 개탄하는 일은 없었을지도 모릅니다.

제가 예전에 담임 목사로 사역했던 교회의 지체들은 매우 경건한 신앙을 소망하는 이들이 많았습니다. 따라서 신앙인이 감당해야 할 의무로 여겨지는 예배 참석, 기도, 성경 공부 등에 대단히 열심이었습니다. 하지만 제가 담임 목사로 부임하기 전, 안타깝게도 교회는 담임 목회자와 당회가 대립하는 갈등의 시간을 보냈습니다. 결국 교회 공동체의 분열이라는 고통스런 결과를 경험했습니다. 40년의 역사를 지닌 지역 교회로 오랜 신앙생활을 통해 신앙인으로서의 자기 고백이 있는 교인들이었습니다. 하지만 진정한 복음이 아닌 교회에서 요구하는 신앙인의 자세와 책임 그리고 의무와 역할에 응답하는 삶을 사느라 진이 빠지고 말았습니다. 복음의 진정한 의미와 복음의 감격을 경험하는 삶에서 멀어지게 된 것입니다. 결국 복음이 결여된 틈으로 사탄의 계략이 들어왔습니다. 분열이라는 안타까운 결과를 맞게 된 것입니다.

복음은 천국, 즉 하나님 나라를 죽은 다음 내세에 영혼이 가는 곳이라고 말하지 않습니다. 술이나 담배를 멀리하고, 주일 예배에 출석해 헌금으로 물질 축복을 요청하는 기도와 맞바꾸는 소극적 경건주의를 요구하지도 않습니다. 또한 복음이 선포되는 교회에서는 직분을 받은 자들을 세속적인 가치 기준으로 계급화하지도 않고, 직분의 무게에 비례한 각종 봉사와 헌금 등의 책임과 의무를 지우지도 않습니다. 건강을 회복하거나, 좋은 학교에 진학하거나, 재물이 늘어나서 풍요로워지는 상황을 진정한 의미의 축복이라고 생각하거나 인식하게 하지도 않습니다.

오히려 이러한 현상이나 증거들은 복음이 아닌 것을 선포하는 이단적인 공동체에서 잘 나타나는 특징들입니다. 예수 그리스도가 우리 죄를 대신하여 죽으시고 부활하심으로써 온 인류가 살길이 열렸다는 하나님의 구원 사건을 선포하는 복음이 지금 우리의 교회에서 힘 있게 선포되고 있는지 냉철하고 깊이 있게 점검해 보아야 할 것입니다.

3. 복음으로 변화되는 삶

진정한 복음이 힘 있게 선포되는 교회는 변화되며 그에 따르는 증거가 나타날 것입니다. 먼저 복음의 의미를 깊이 깨닫고 진지하게 선포하는 목회자는 복음에 합당한 지도자로서 존경받아 마땅한 모습을 보여 줄 것입니다. 전하는 말씀과 일치된 행동을 보임으로써, 삶으로 복음에 감격한 반응을 보이게 될 것입니다. 권위적인 태도로 군림하기보다는 예수님의 본을 따르는 섬김의 자리로 내려설 것입니다. 다른 지체들을 향하여 강압적인 태도로 요구하기보다는 솔선수범해 교회의 일들에 동참할 것입니다. 복음에 빚진 자답게 높은 도덕성을 지켜 나갈 것입니다. 돈으로부터 자유로워져 자신이나 가족들의 풍요로운 삶에 집착하지 않을 것입니다. 성적인 타락으로부터 자신을 보호하려는 강력한 의지로 자신의 아내인 사모와 교회 지체들에게 협조를 요청할 것입니다. 교회의 외형적, 숫자적 성장에 집착하는 모습을 보이기보다는 교인들의 내적인 성숙에 집중할 것입니다. 명예를 좇아 각종 단체나 교계에서 직책을 맡거나 지위가 높아지는 것에 관심을 가지지 않을 것입니다. 유명해지려고 애쓰기보다는 오로지 섬기는 교회 공동체를 바르게 양육하고 인도하는 일에 최선의 노력을 기울일 것입니다. 또한 담임 목회자와 더불어 지도력을 행사하며 교회를 섬기는 교회 리더십들 역시 다를 것입니다. 바르게 선포되는 복음을 통해 빚진 자의 의식을 가질 것입니다. 자신들의 직분을 교회의 최상위 계급처럼 인식하는 권위주의적 태도를 버릴 것입니다. 자신들의 존재 이유를 건강한 교회 공동체를 유지하는 역할에 두고, 좀 더 낮은 자세와 섬김의 태도로 솔선수범하게 될 것입니다. 그 밖의 교회 공동체 구성원들 또한 복음에 의해 신앙의 바른 기준을 정립하게 되면, 그리스도인으로서의 올바른 삶의 태도를 갖게 될 것입니다. 올바른 삶의 태도가 각인되면 소금과 빛의 역할을 온전히 감당하게 될 것입니다. 소극적 경건의 자세보다는 적극적인 예수 그리스도의 제자다운 삶에 도전하게 될 것입니다.

바로세움정립교회를 개척하고 섬기는 동안 저는 건강한 교회를 지향하였기에 복음을 선포하는 일에 최선의 노력을 기울이고 있습니다. 물론 아직도 부족하고 부끄러운 면이 매우 많지만, 그리스도에 대한 복음 외에는 다른 것을 전하지 않겠다는 기준은 타협하지 않으려 합니다. 그리고 복음을 전하기로 결단한 목회자로서 선포한 복음에 부합된 언행일치의 삶을 살고자 노력하는 담임 목사와 더불어 교회의 지체들 역시 자신들이 듣고 깨달은 복음에 부합된 적극적 경건을 실천하며 살아가기 위한 노력을 게을리하지 않고 있다고 자신 있게 말할 수 있습니다.

바로세움정립교회는 주일 예배 후에 예배당에서 모든 예배 참석자가 함께 식사를 합니다. 그리고 이 식사 나눔의 전통은 개척 후 약 3년 가까이 예배 장소로 사용되었던 카페에서 이루어졌습니다. 제 아내가 모두가 함께 먹을 분량의 밥을 준비하면, 다른 지체들은 각 가정별로 정성껏 다양한 반찬을 준비해 왔습니다. 비싼 식재료를 쓰거나 특별한 메뉴는 아니라 할지라도 국이나 찌개를 비롯해 정성스러운 손길로 만든 다양한 반찬들이 진열된 탁자는 그야말로 임금님의 수라상입니다. 매주 모두 함께 어우러져 자신의 역할을 감당하는 가운데 뷔페식 식탁이 준비됩니다.

맛있는 식사가 끝나고 나면, 또다시 누가 뭐랄 것 없이 함께 뒷정리를 하고, 지체들이 함께 둘러앉아 각각 원하는 커피 메뉴를 요청하면 바리스타인 저와 제 아내를 비롯한 목회자들이 정성껏 맛있는 커피를 만들어 제공했습니다. 우리는 커피를 마시며 주일 예배 중에 선포된 메시지를 묵상하며 나누는 교제의 시간을 가졌습니다. 말씀의 주제는 무엇이었는지, 그 말씀에 비추어 지난 삶을 돌이켜 보며 부족한 부분과 새롭게 정리하고 결단해야 할 부분은 무엇인지를 나누었습니다. 또 그날의 말씀을 통한 도전을 한 주간의 삶의 현장에 어떻게 구체적으로 적용할 것인지에 대해서도 나누는 의미 있는 시간이었습니다.

2015년 9월 6일 주일부터는 카페가 아닌 다른 공간에서 조금 더 자유로운 모습으로 그 전통을 이어 가고 있습니다. 앞에서 소개한 대로 바로세움정립교회가 함께 모여 예배하며 교제하는 현재의 공간은 '성령의 감동으로 헌신된 불교 신자'의 전폭적인 지지와 배려를 통해 마련되었습니다.

자신이 경영하는 회사 건물에 예배당을 마련해 준 우상현 사장님이 첫 번째 바로세움정립교회 주일 예배에 참석한 주일에 있었던 일입니다. 그날은 50대 중반인 그분이 난생처음으로 예배를 드린 날이기도 합니다. 그날 주일 예배 설교는 누가복음 10장 25절부터 37절까지를 본문으로 한 '다시 보는 선한 사마리아인 비유'라는 제목의 메시지였습니다. 설교의 내용 중 마지막 부분을 소개합니다.

이 비유를 마치시고 예수님은 그 율법학자에게 묻습니다. "당신은 이 세 사람 중에 누가 강도 만난 자의 이웃이라고 생각하는가?" 그러자 율법학자는 당연한 듯이 대답합니다. "자비를 베푼 자입니다." 그 대답을 들은 예수님의 결론은 이것입니다. "가서 너도 이와 같이 하라!" 예수께서 비유를 시작하기에 앞서 율법학자가 예수님께 던졌던 질문 "어떻게 해야 영생을 얻겠습니까?"에 대해 예수 그리스도께서 주신 답은 "가서 너도 이와 같이 하라"였습니다. 한국 교회가, 한국의 기독교가, 우리 교회들이, 우리 그리스도인들이 살아나기 위해서는 외식적인 종교적 행위를 버리고, 예수 그리스도를 통해 구원받았다고 고백하는 예수 그리스도의 제자답게, 진정으로 하나님을 사랑하는 백성들답게, 마땅히 강도 만난 우리의 이웃들을 향해 달려가야만 합니다. 이것이 오늘 우리에게 주어진 과제입니다.

그날 예배가 끝나고 우상현 사장님은 저에게 이런 말을 했습니다.

"목사님, 오늘 목사님 설교를 듣고 느낀 바가 있어서 제가 결심한 것이 있습니다. 목사님, 제가 부자도 아니고 어려워졌던 회사가 다시 회복하기까지는 아직 시간이 더 필요하지만 만약에 주변에 어려운 사람들, 도움이 꼭 필요한 사람들이 있거든 제게 꼭 말씀해 주십시오. 제가 할 수 있는 데까지 그런 분들을 돕고 싶습니다."

저는 그분의 말에 온몸에 전율을 느낄 정도로 감동을 받았습니다. 평생 불교 신자였던 분이, 생애 처음으로 예배당에 발을 내딛고, 생애 처음으로 기독교 예배를 드린 분이, 생애 처음 접한 설교에 담긴 복음의 의미와 가치를 발견하고, 예수 그리스도의 명령에 따르는 삶을 살겠노라는 헌신을 결단하신 것입니다. 그리고 일주일 뒤에 카페에 들른 우 사장님의 고백은 제 속에서 감사가 터져 나오게 만들었습니다. 그야말로 감동의 연속이었습니다.

"제가 목사님의 설교를 듣고 깊이 고민하다가 한 가지 결론을 얻었습니다. 제 마음의 주인이 바뀌면 되는 문제라는 것이죠. 그래서 요즘 제가 우리 직원들 몰래 2층 예배당에 가서 '제 마음의 주인을 좀 바꿔 주십시오'하고 빌고 있습니다."

복음이 담긴 설교를 듣고 진지한 묵상을 반복하는 동안 어느덧 각자의 삶과 가정 그리고 삶의 현장이 복음에 걸맞게 변화되고 성숙되어 간다는 우리 교회 지체들의 고백을 듣습니다. 지체들이 가까운 거리에 살고 있지 않으며, 저희 부부와 목회자들이 카페 사역을 하는 형편 때문에 교회가 주중에 별도의 모임을 갖지는 못합니다. 하지만 일주일에 한 번뿐인 주일 예배와 이어지는 식탁의 교제 그리고 선포된 복음에 대한 진지한 묵상을 반복하다 보면 어느새 지체들의 삶에 변화가 찾아옵니다. 그것을 확인하는 기쁨이 날로 커집니다.

가르치는 교회

일반적으로 예수 그리스도를 믿는 사람을 '그리스도인'이라고 말합니다. 이 호칭은 최초의 이방인 교회인 안디옥 교회의 신자들을 일컫는 말로 시작되었다는 것을 신약 성경 사도행전 11장 26절에서 확인할 수 있습니다. 그런데 실제로 '그리스도인'이라는 말은 성경의 사도행전 11장 26절과 26장 28절, 베드로전서 4장 16절, 이렇게 세 곳에서만 확인됩니다.

반면에 '제자' 또는 '제자들'이라는 말은 '그리스도인'이라는 말보다 성경에서 훨씬 더 자주 확인됩니다. 이는 그리스도인들의 공동체인 교회를 제자 공동체라고 표현하는 데 아무런 문제가 없음을 뒷받침해 주는 든든한 증거입니다. 따라서 교회는 곧 예수 그리스도의 제자 공동체로서 모든 지체를 제자화하기 위한 가르침이 있어야 한다고 말할 수 있습니다. 그것은 교회라는 공동체의 정체성의 한 부분이기도 하다는 이야기입니다.

1. 가르침이란 무엇인가

제자 교육은 신앙의 깊이나 헌신도의 차이 그리고 직분의 차이 등과 상관없이 모든 그리스도인에게 적용되어야 하는 신앙생활의 필수 과정입니다. 그리스도인들의 공동체인 교회의 제자 훈련에 일생을 헌신하셨던 옥한흠 목사님은 저서인 『평신도를 깨운다』에서 이렇게 말했습니다.

> 예수님이 요구하신 제자도의 길은 모든 그리스도인에게 적용되는 교훈이다. 자신이 성숙한 신자냐 아니냐에 따라 선택할 수 있는 무엇이 아니다. 헌신한 자는 지불해야 하고 아직 헌신하기를 원하지 않는 자는 면제받을 수 있는 것이 아니다. 비록 모든 신자에게 똑같은 대가를 요구하지 아니하였다 할지라도, 일단 예수를 믿고 무리 가운데서 앞으로 나온 사람이면 예수의 제자가 되는 길을 걸어야 한다고 말씀하신다.

그렇다면 제자화하기 위한 가르침, 즉 제자 교육이란 무엇을 말하는 것인가에 대하여 살펴볼 필요가 있습니다. 이에 앞서 먼저 우리 안에 있는 오해를 짚고 넘어가야 합니다. 제자 교육이 마치 성경의 내용을 보다 체계적이고 깊이 있게 학습시켜 출중한 그리스도인으로 양육하는 프로그램이라는 생각이 교회들이 가진 제자 교육에 대한 일반적인 오해입니다. 교회의 가르침, 즉 제자 교육은 단계별로 나누어진 성경 심화 학습 프로그램이 아닙니다. 성경의 내용이나 신학적 내용 등을 학습시켜서 지식의 증가를 이루는 것을 목적으로 하지도 않습니다.

제자 교육이란 구원자로 오신 예수 그리스도를 믿어 그의 대속의 은혜로 영원한 삶을 소유하게 된 그리스도인이, 예수 그리스도께서 이 땅에 오신 이유와 목적을 깨닫고 그분의 삶을 본받는 자로 살아가기를 결단하고 배우는 과정입니다.

2. 그분의 멍에를 메고 그분에게 배우라

오늘날의 교회가 건강함을 잃어가는 중요한 이유 중 하나는 아마도 제자가 아닌 신자들이 교회 공동체 안에 가득하기 때문일 것입니다. 예수님은 모든 사람을 제자로 초청하셨으며 그분이 요구하신 것은 그분의 멍에를 메고 그분에게 배우라는 것이었습니다. 궁극적으로 예수님이 약속하신 참된 안식을 간절히 소망하면서도 예수님이 가르치신 내용들을 배울 마음이 없다면 문제가 있습니다. 그런 그리스도인은 마치 경기를 앞둔 운동선수가 준비 과정인 훈련 없이 훌륭한 경기를 치르기를 바라는 것과 같다고 할 수 있습니다. 예수님의 약속은 그 약속의 대상인 예수님의 제자에게 이루어질 것이기 때문에 예수님께 나아가 배우지 않으면 우리가 간절히 원하고 목적하는 것을 결코 얻을 수 없습니다.

따라서 성경의 내용이나 신학적인 지식을 배우기보다 이 땅에 오셔서 예수님이 우리에게 보여 주셨던 실제적인 삶을 배워야 합니다. 우리의 삶도 그렇게 변화되도록 하기 위해서는 훈련이 필요한데, 현재 대부분의 교회들이 개설하고 있는 제자 교육 프로그램은 실제 삶에 적용할 수 있는 훈련을 제공하지 못하고 있습니다.

가르침의 결과를 통해 실제적으로 삶의 내적, 외적 변화와 성숙을 이루는 것이 제자 교육입니다. 가르침을 통해 자기 자신의 정체성을 그리스도의 제자로 인식하고 고백하도록 하는 것입니다. 우리가 살아가는 험난한 바다와도 같은 세상에서는 은혜의 돛과 함께 키와 노를 다루는 기술과 우리 팔의 근육의 힘, 용기, 인내 등도 필요합니다. 험한 파도가 지속적으로 일어나는 세상에서 목적지인 항구를 향해 항해하는 하나님 나라의 모형인 교회에는 훈련된 제자가 필요합니다.

예수님이 하나님 나라가 임할 거라고 선언하시며 처음 하신 일은 제자 공동체를 만드는 것이었습니다. 그리고 그분은 공생애 기간 내내 제자들을 훈련시키셨습니다. 복음서인 마태복음의 마지막 부분인 28장 19절과 20절을 살펴보겠습니다.

> 그러므로 너희는 가서 모든 민족을 제자로 삼아 아버지와 아들과 성령의 이름으로 세례를 베풀고 내가 너희에게 분부한 모든 것을 가르쳐 지키게 하라. 볼지어다, 내가 세상 끝날까지 너희와 항상 함께 있으리라 하시니라.

예수님이 승천하시기 전 마지막으로 제자들에게 당부하신 말씀도 모든 민족을 제자 공동체로 불러모으라는 것이었습니다. 이것은 제자 공동체야말로 하나님 나라의 시작과 끝이며 교회의 본질적 모습이라는 의미를 지니고 있습니다. 따라서 건강함을 추구하는 교회라면 예수님의 마지막 명령인 제자 교육에 온 힘을 다해야 함이 마땅합니다.

그리고 이와 더불어 명심할 것이 있습니다. 제자 교육의 목적은 단순히 교회 부흥을 위한 것이거나 순종적인 교인으로 학습시키는 것도 아니라는 사실입니다. 제자 교육은 교회 공동체의 머리이신 예수 그리스도의 명령에 순종해 철저한 주님의 제자를 만드는 것입니다. 교회의 지체들로 하여금 예수님의 제자가 되어, 예수님이 뜻하시는 대로, 예수 그리스도의 교회를 세워 가게 하는 것입니다.

3. 삶을 변화시키는 가르침

저는 지난 2004년 4월에 국제제자훈련원에서 주최한 CAL[Called Awaken the Laity] 세미나를 수료했습니다. 이후 제자 교육을 건강한 교회를 지향하는 목회의 가장 중요한 본질로 여기고 지난 목회 현장에서 실행해 왔습니다. 그 결과 제자 교육을 받은 대상자들이 실제적이고 구체적인 삶의 변화를 보이는 것을 경험했습니다.

부교역자로 교회를 섬기던 시절, 제가 담당한 부서의 임원들을 대상으로 제자 교육을 진행했을 때 일입니다. 당시 교육을 받던 40대 초반의 남자 집사님이 제자 교육을 통해 자신이 그리스도인으로 살아온 지난날의 삶이 얼마나 부끄러웠는지를 깨달았노라고, 지금까지 헛된 삶을 살아왔다고 고백하면서 회개의 눈물을 흘렸습니다. 그 일이 있은 뒤로, 그분은 예전과 전혀 다른 모습으로 살아갔습니다. 그는 진정한 회심을 경험한 그리스도인이 되었고, 자신의 삶의 현장에서 헌신하는 제자의 모습으로 거듭난 인생을 살아가려고 노력했습니다.

이때를 기점으로 저는 제자 교육을 통해 교회 공동체의 구성원들이 구원의 참된 의미와 가치를 아는 그리스도의 몸된 지체들로 새롭게 태어나는 교회 현장을 추구하게 되었습니다. 그리고 제자 교육이야말로 교회 공동체가 바람직한 예수 그리스도의 건강한 몸으로 변화되어 가는 데 필수적인 요소라고 생각하게 되었습니다.

그러나 이론적인 가르침에서 머무는 제자 교육은 실효성이 없음을 오늘날의 한국 교회 현장을 보면서 깨달았습니다. 역설적이지만, 제자 교육의 본산이라고 말할 수 있으며, 과거 한국 교회에서 가장 강력한 영향력을 지닌 교회로 자리매김했던 교회의 후임 담임 목사님이 그 사실을 보여 줍니다. 또한 제자 교육을 뿌리로 삼아 개척해 대형 교회를 만들어 냈던 교회의 담임 목사님이 엄청난 액수의 교회 재정을 횡령해 구속되기도 했습니다. 이런 사건을 통해 그들은 이론적인 제자 교육의 한계를 몸소 보여 주셨습니다. 저는 이론적인 제자 교육의 한계를 넘어설 수 있는 대안적 가르침이 필요하다는 것을 절실히 깨달았습니다. 제자 교육의 학습 내용을 바탕으로 한 구체적이고 실제적인 삶의 실천을 통한 교육 훈련이 필요했습니다.

현재 제가 목회하고 있는 커피 전문점 '카페 에클레시아'는 건강한 선교적 교회의 실험 현장입니다. 그런 까닭에 주일에 만나 함께 예배하며 교제하는 바로세움정립교회 식구들과는 한 주간 매장에서 겪었던 치열한 삶의 상황들을 나누며, 제자로 세상을 살아간다는 것이 어떤 의미가 있는지 실제적 교육을 합니다. 저는 바로세움정립교회 지체들이나 부교역자들이 신앙인으로서 학습한 삶을 실행하는 데 타의 모범이 된다고 자부합니다. 그리고 이런 결과는 이론적인 가르침에서 그치는 지금까지의 제자 교육에서 더 나아가 삶의 모범을 통해 깨닫게 하는 교육 방법 때문이라고 생각합니다.

바로세움정립교회의 특징 중 하나는 일에 대한 적임자나 책임자에 대한 구분이 없다는 것입니다. 담임 목사도 화장실 청소를 합니다. 부목사님이 쌀을 씻어 밥솥에 담고 스위치를 누릅니다. 안수 집사님이 물건을 나르고 밥상을 차립니다. 권사님의 수고는 말할 것도 없습니다. 모두가 동등한 입장에서 누가 할 일인지 구분하지 않고 솔선수범합니다. 처음 보는 분들이 다소 어색할 수 있는 이런 실천적 행동을 보며 우리 교회의 어린 학생들은 자연스럽게 그리스도인의 삶의 태도를 배우고 따라하고 있습니다. 이에 대하여 바로세움정립교회의 양은익 안수 집사님의 고백을 소개해 드립니다.

유아세례를 받았고 청소년기를 아무런 일탈 없이 보내다가 대학 입학 후 급격히 교회에 대해 실망해서 교회의 테두리에서 한쪽 발을 살짝 빼고 살았습니다. 그렇지만 주일이면 예배에 참석해 출석 도장을 찍어야 마음이 편했습니다. 설교를 듣는 것만으로 일주일간 느꼈던 찝찝함에서 자유로움을 느끼는, 한쪽 발만 교회에 걸치고 있는 전형적인 선데이크리스천이었습니다. 이렇게 회색지대에 머무는 신앙생활 탓인지 각종 조사에서 목회자에 대한 신뢰도 평가가 갈수록 하락하고 있고, 한국을 대표한다고 거론되는 대형 교회들의 여러 부정적 사건들을 접하면서 마음 한구석에서 불편함은 더 커져만 갔습니다. 그뿐 아니라 교회 다니는 인간들이 더하다는 비그리스도인들의 냉소에 고개를 끄덕이고 있는 나 자신을 보게 되었습니다. 교회 안에서 만나는 장로님, 권사님, 집사님들은 천사의 얼굴로 서로를 대하지만, 교회를 나가면 그 어떤 세상 사람들에게 뒤지지 않는(?) 냉정한 모습을 보입니다. 그런 모습을 볼 때마다 과연 교회가 제 역할을 제대로 하고 있는지, 그리스도인이라고 자칭하는 사람들은 어떻게 해야 하는 것인지 회의가 들었습니다.

하지만 저 자신도 이러한 생각만 할 뿐, 그 어떤 행동도 하지 않고 저와 비슷한 회색지대의 많은 은둔자처럼, 그리스도인 가면을 쓰고 살아왔습니다. 그러던 어느 날 어머니가 다니는 교회의 담임 목사로 저희 집에 심방을 온 양광모 목사님을 만나게 되었습니다. 그 만남이 저에게는 변화의 시작점이 되었습니다. 이제는 목사님의 바른 목회, 건강한 교회를 위해 조금이나마 도움이 되기를 바라면서 함께 새로운 공동체를 이루어 가고 있습니다.

바로세움정립교회는 돌 지난 갓난아기를 포함해 25명 남짓한 교인이 모여 예배를 드리고 있습니다. 머지않아 5주년을 맞이하게 됩니다. 목사님을 신뢰했고 새로운 교회를 위한 몸부림에 동의했지만 쉬운 일은 아니었습니다. 처음 카페에서 예배를 드릴 때는 지나가는 사람들의 시선이 부담스러웠습니다. 목사님 지인의 도움으로 태권도장을 빌려 예배를 드릴 때는 매트의 촉감이 힘들었습니다. 선의로 빌려 주신 공장의 사무실 2층을 분리해 예배를 드리는 지금은 비록 선데이크리스천이었지만 수십 년간 기존 교회의 틀에 익숙해져 조금 더 편안하고 익숙한 교회 모습과 다른 모습에 번번이 괴리감을 느끼곤 합니다.

그러나 바로세움정립교회에는 다른 교회에서 느낄 수 없는 비전이 있습니다. 듣는 것에서 멈추지 말며, 배우는 단계에서 그치지 말자는 것입니다. 예수님이 친히 이 땅에 인간의 몸으로 찾아오셔서 삶을 통해 보여 주셨던 것처럼, 세상 속에 살아가는 세상 사람들의 삶의 현장에 찾아가서 그들의 눈높이와 그들의 코드에 맞추어 섬기고 나누는 삶을 실천함으로써 그들을 변화시키는 것이 바로세움정립교회의 비전입니다. 그리고 이 비전에 맞게 담임 목사로부터 어린 학생들에 이르기까지 교회 안에서 이루어지는 모든 일에 솔선수범하는 일을 훈련합니다. 저 또한 주일마다 선포되는 말씀의 가르침대로 살아가려고 애씁니다. 저는 대학에서 학생들을 가르치는 직업을 가진 사람으로서 이전보다는 권위적인 태도를 버리려고 애쓰고 있습니다. 학생들의 입장에 서서 그들의 눈높이에 맞추는 나눔의 자세를 유지하려고 많이 노력합니다. 동료 교수들의 입장을 배려하고 존중하려고 고심합니다. 결코 쉽지 않고 거듭 실패를 반복하지만 한 주간 주어진 세상에서의 삶을, 가르침을 따르는 그리스도의 제자답게, 이전과는 다른 모습으로 살아 보려고 안간힘을 쓰고 있습니다. 우리 바로세움정립교회는 규모는 비록 작지만 비전을 통한 가르침을 실천함으로써 말만 풍성하고 실행에 따른 결과는 빈약했던 지금까지의 한국 교회가 지닌 구습을 바꾸어 보려는, 행함을 시도하는 교회입니다. 교회의 이름에서 표현하듯 건강한 교회를 구현하기 위해 잘못 진행되어 온 오류를 바로 세우기 위해 목회자는 교회 밖에서 힘들어 하는 사람들에게 선교가 아닌 마음으로 다가가 예수님의 사랑을 느끼도록 실천하고 있습니다. 또한 내부적으로는 올바른 신앙이 무엇이며 참 그리스도인으로서 행해야 하는 마음가짐과 자세를 주제로 지속적으로 방향을 제시해 줍니다. 그럼으로써 각자 스스로 돌아보고 행동으로 노력하는 가르침을 공유합니다.

외형적으로는 교인도 적고, 당연히 재정 역시 열악하며 번듯한 예배당도 없는 초라한 교회로 비쳐질지 모르겠지만, 내부적으로는 앞으로 한국 교회의 새로운 방향을 제시하고 참 신앙의 모범이 되기 위한 한 알의 밀알이 될 것이라 확신하는 목사님과 교인들이 포진하고 있는 바로세움정립교회는 결코 지치지 않고 갈 것이며, 그 길에 하나님이 함께하시리라 믿습니다.

제자 교육 실험장이라 할 수 있는 카페 에클레시아에서는 매일 10명 이상의 고정된 단골손님들과의 만남이 이루어지고 있습니다. '에클레시아'라는 이름의 단톡방 멤버들 중에는 바로세움정립교회에 등록했거나 출석하는 교인들이 한 명도 없습니다. 비그리스도인이거나 여러 가지 이유로 교회를 떠난 가나안 성도가 포함된 이들과는 카페 에클레시아에서 카페 사장과 손님으로 만납니다. 그리고 이제는 저와 제 아내를 포함한 아줌마 12명이 매일 아침 커피와 대화를 나누며 두 시간 이상 교제하고 있습니다. 그 공간에는 그들이 공감하기 어려운 종교적인 내용들이 없습니다. 기독교 교리 등을 가르치거나 설교하는 교회의 목사로 만나는 것도 아닙니다. 개인 기호에 맞춰 정성스럽게 내린 커피에 사랑을 담아 제공하는 것이 전부입니다. 이런 실천을 통한 가르침의 결과는 예수 그리스도의의 열두 제자를 상징하는 인원으로 구성된 이들이 때때로 보여 주는 사랑의 섬김을 통해 증명되고 있습니다. 이들은 때로 예닐곱 시간씩 전혀 예상치 않은 헌신의 모습을 보여 줍니다. 삶을 통한 가르침을 통해 목사를, 교회를, 기독교를 배운 이들이 장차 그리스도인으로, 더 나아가 헌신된 그리스도의 제자로 변화될 날을 꿈꾸며 오늘도 행복한 나눔을 이어 가고 있습니다.

치유하는 교회

지난 세월 한국의 교회들이 다분히 오해했던 개념 중 하나가 바로 치유에 대한 개념일 것입니다. 그리고 그 오해는 우리의 신앙 기준을 바로 세우는 데 적지 않은 혼란을 일으켜 왔습니다. 우리가 가진 신앙 기준의 틀 안에서 치유는 육체적 질병에서 해방되는 정도의 범위를 벗어나지 못했습니다.

1. 치유란 무엇인가

지난 2007년도에 제가 직접 경험한 사건 한 가지를 소개해 드립니다. 제가 각별한 애정을 가지고 신앙 안에서 교제하던 교회의 남성 중직자 한 분이 있었습니다. 그는 정직하고 부지런한 사업가였으며

2녀 1남의 자녀를 둔 행복한 가정의 가장이었습니다. 그런데 어느 날, 그가 폐암 말기 판정을 받았다는 소식을 전해 듣고 저와 제 아내는 적지 않은 충격을 받았습니다. 우리 부부는 당시 일곱 살로 미취학 상태였던 아들 하람이와 다섯 살이었던 딸 예람이를 데리고 병문안을 갔습니다. 우리 부부는 병석에 누워 호흡기를 끼고 힘겹게 호흡하면서 "죄송합니다"를 반복하는 그와 그의 아내의 손을 잡고 함께 안타까움의 눈물을 흘렸습니다. 병문안의 시간을 마무리하며 병실을 나오기 전 우리 부부와 두 아이는 환자의 몸에 손을 얹고 전능하신 하나님이 치유해 주시기를 간절히 소원하는 기도를 드렸습니다. 그때 일곱 살이었던 제 어린 아들도 그의 몸에 고사리 같은 손을 대고 두 눈을 꼭 감은 채 입술을 움직이며 환자의 회복을 위해 간절히 기도했습니다. 그럼에도 불구하고 결국 그는 얼마 지나지 않아 이 세상을 떠났습니다. 그 비보를 듣고 침통해하는 우리 부부를 보며 어린 아들 하람이는 도저히 이해할 수 없다는 표정으로 물었습니다. 아들은 자신이 병문안 갔을 때 아빠 엄마와 함께 그분의 병을 낳게 해 달라고 하나님께 간절히 기도했는데 왜 그분이 돌아가셨느냐며 매우 어이가 없다는 표정을 지었습니다. 하나님이 우리의 기도 요청과 달리 육체적 질병을 고쳐 주시지 않고 그의 생명이 마감된 것을 도저히 이해할 수 없다는 의미의 표정이었습니다. 아이가 가진 치유의 개념은 당연히 육체적 질병으로부터 회복되고 육체적 죽음에서 해방되는 것이었기 때문입니다. 하람이의 말에 매우 당황했던 기억이 아직도 생생합니다.

물론 시간이 지나며 나이를 먹고 성장한 아이는 육체의 생명에는 끝이 있게 마련이라는 세상의 이치를 알게 되었고, 진정한 치유의 의미에 대해서도 이해하게 되었습니다. 어린 시절 가졌던 의문에서 지금은 자유로워졌습니다. 하지만 그때는 마치 굳게 믿었던 하나님께 배신을 당한 것 같은 표정이었습니다. 그리고 치유에 대한 어린아이의 이런 편협한 생각을 일반적인 우리 신앙인들 또한 갖고 있음은 부인할 수 없는 사실입니다. 저를 가르쳤던 풀러신학교의 김세윤 교수는 올바른 치유의 개념을 이렇게 제시하고 있습니다.

> 사탄이 우리의 죄의 대가로 주는 죽음은 여러 가지 증상들로 나타납니다. 이 증상들이 육신의 병고로만 나타나지 않고 여러 심리적 병들, 관계에 있어서의 갈등, 경제적 빈곤, 정치적 억압, 심지어는 자연의 재해로도 나타납니다. 우리가 실존에서 겪는 온갖 고난들은 모두 사탄이 가져다준 죽음의 증상들입니다. 그러므로 하나님의 구원의 통치가 가져오는 치유도 꼭 육신의 병고를 제거하는 것만으로 이해해서는 안 됩니다. 이런 모든 고난들의 해소로 이해해야 하는 것입니다.

이와 같이 치유는 육체적 질병에서 회복되는 것만을 의미하지 않습니다. 우리가 치유를 경험해야 하는 영역은 훨씬 다양하고 광범위하다는 것을 깨달아야 합니다. 따라서 성육신하신 예수 그리스도의 치유 사역을 이 땅에서 연장해 나가는 사명을 지닌 교회들은 치유에 대한 개념을 바르게 정립하고 가르쳐야 합니다. 치유 사역의 본질적인 가치를 깨닫고 치유의 대상과 영역들을 향하여 건강한 사역을 펼쳐야만 할 것입니다.

2. 치유가 필요한 우리의 삶

국립재난안전연구원에서 2013년 5월에 발표한 '우리나라 자살 현황 분석 및 시사점 보고'에 따르면, 우리나라의 자살 사망률은 인구 10만 명당 31.7명입니다. OECD 34개국 중 최고이며, 최하위국인 그리스보다 10배 높은 것으로 확인되었고, 사망 순위는 암, 뇌혈관 질환, 심장질환 다음이었습니다.

자살 원인을 경제적 요인, 사회적 요인, 생물학적 요인으로 구분해 분석했는데 그 내용을 보면, 경제적 요인에 의한 자살률은 실업률, 소득 양극화, 가계 부실 정도와 높은 상관성을 보였습니다. 사회적 요인에 의한 자살률은 이혼율, 상대적 스트레스, 생명 경시 풍조 등과 상관성을 보이는 것으로 나타났습니다. 또한 생물학적 요인으로는 다양한 사회적 요인으로 인해 우울증 같은 정신 질환이 증가하는 추세로, 여성 우울증 유병률이 남성보다 두 배 이상 높지만, 실제 우울증이 자살에 미치는 영향은 남성이 훨씬 높은 것으로 조사되었습니다.

이와 같은 보고 내용을 통해 확인할 수 있는 것처럼, 과학의 발달과 경제적인 풍요로움을 누리고 있는 현대 사회는 편리한 생활만큼이나 심리적이고 정신적인 질병에 시달리고 있습니다. 우리나라의 경우 장기적인 경기 침체와 성과 제일주의의 사회적 풍토로 인해 우울증을 비롯한 다양한 심인성 정신 질환을 앓고 있는 사람들이 증가하는 추세입니다. 그에 따라 충격적인 자살률을 보이고 있으며, 이에 대한 전 국가적 고민과 치유 대책이 매우 절실한 상황임을 보여 줍니다. 그런데 이와 같은 치유가 필요한 상황이 교회 밖 세상에만 벌어지고 있는 문제가 아님을 인지해야 합니다. 세상에서 살아가고 있는 하나님의 백성인 교회 공동체의 지체들에게 주어지는 현실 상황 역시 치유가 절실히 필요한 형편에 놓여 있습니다.

현재는 바로세움정립교회의 지체가 된 한 형제의 이야기를 소개해 드립니다. 대기업에 다니는 건실한 신앙을 가진 40대 초반의 직장인인 그가 어느 월요일 오후 휴대전화 메시지를 통해 저에게 연락을 취했습니다. 그는 전날 밤인 일요일에 일찍 잠자리에 들었지만 잠을 못 이루며 신음하듯 한참을 기도했다고 합니다. 월요일부터 이어질 빠듯한 업무 일정에 심한 압박감을 느꼈기 때문이었습니다. 한참 동안을 간절한 마음으로 매달려 보아도 머릿속에 그려지는 엄청난 한 주간의 일정이 전혀 바뀔 것 같지 않았습니다. 한참을 고민하며 뒤척이던 어느 순간, 하나님이 위로의 음성으로 그를 찾아오셨습니다. '형편이 바뀌지 않더라도 그 상황 가운데 내가 너와 함께하겠다.' 이 메시지와 그는 마음의 평온을 되찾고 잠들 수 있었다고 고백했습니다.

이 형제는 신실한 믿음의 소유자이며 지혜가 출중하고 업무 능력이 뛰어나 직장에서도 매우 인정받는 인재로, 현재는 외국에 파견되어 주재원으로 일하고 있습니다. 그럼에도 불구하고 주일 밤마다 다가올 한 주간의 삶에 대한 스트레스로 힘겨워했습니다. 뿐만 아니라 그가 주말에 카페를 찾아와 커피를 마시며 나누었던 대화의 내용 중에는 치유가 절실해 보이는 상황이 너무도 많았습니다. 노년의 부모 봉양에 대한 책임감에서 비롯된 장남으로서의 중압감, 아내에 대한 사랑과 배려가 부족하다고 느끼는 남편으로서 미안함, 두 아들을 균형 잡힌 하나님의 사람으로 양육하고픈 아빠로서의 고민, 직장 생활을 하는 사회인으로 겪는 관계의 문제 등 크고 작은 수많은 현실의 짐들로 휘청거릴 때가 적지 않았습니다. 그의 이야기는 교회 공동체의 지체로서 현실을 살아가고 있는 신앙인 역시 치유를 절실히 필요로 하고 있다는 사실을 깨닫게 해 주었습니다.

3. 치유하는 교회

지금으로부터 10여 년 전인 2000년대 초반만 해도 목회 상담이나 치유 목회 같은 용어는 한국 교회를 자극하는 신선한 개념이었고 매력적인 목회의 지향점 중 하나였습니다. 그것은 육체에 발생하는 외적 질병을 치유 영역의 전부라고 생각했던 편협함을 벗고, 시대 상황의 변화에 따른 삶의 이면에 생긴 부정적 결과들, 즉 인간의 정신세계, 내면세계에 발생한 질병까지 치유의 영역과 대상으로 확대하여 인식하는 매우 바람직한 방향으로 변화된 교회의 모습이었습니다. 따라서 그 시절에는 상담학을 전공한 목회자들이 특별히 주목받았고, 교회들은 경쟁적으로 상담소나 치유 프로그램 개설에 관심을 두고, 치유 사역에 많은 에너지를 투자했습니다. 그것은 참으로 바람직한 변화임에는 틀림이 없었습니다. 하지만 교회가 교회 안 지체들이 삶의 현장에서 직면하는 정신적, 심적 고통과 각종 외형적, 내면적 질병들 그리고 교회 밖 세상의 이웃들이 아파하고 있는 수많은 문제들을 효과적으로 치료하고 치유하기에는, 앞에서 살펴본 것처럼 우리의 현장이 너무도 방대하고 다양하게 펼쳐져 있다는 데 어려움이 있습니다. 결국 우리의 현실은 그리스도인과 비그리스도인을 망라하고 지속적으로 증가하는 자살률을 보며 허탄해할 따름입니다.

여기에서 저는 현재의 교회들이 시행하고 있는 치유 목회와 사역이 훨씬 더 본질적인 치유를 지향해야 한다고 주장하고 싶습니다. 외형적, 육체적 질병의 고침이나 내면세계의 건강 회복을 목적으로 하는 지금의 치유 프로그램이 매우 유익한 것은 사실이지만, 이보다는 더 본질적인 차원에서 근원적인 문제에 접근해 예방적 처방을 고민하는 치유의 개념이 필요합니다. 공생애 기간에 예수 그리스도는 수많은 질병을 고치시는 치유 사역을 펼치셨습니다. 그런데 그분이 시행하셨던 치유 사역은 단순히 현상으로 나타난 외형적인 문제와 질병을 낫게 하는 정도에 그치지 않았습니다. 그분은 외형적 질병 치료와 더불어서 그 질병의 원인이 되는 깊은 내면적 상태를 치료하는 데 초점을 맞추셨음을 간과하지 말아야 합니다.

그 예를 복음서의 한 장면에서 발견할 수 있었습니다. 신약 성경 누가복음 19장 1절에서부터 10절까지의 내용에는 우리가 잘 아는 삭개오가 등장합니다. 성경은 그의 외형적 특징을 작은 키로 기록하고 있습니다. 그것을 보면, 단순히 일반인들에 비해 상대적으로 작은 정도의 신장이 아닌, 장애로 보일 정도의 특징이었던 것 같습니다.

이 부분을 유심히 살펴볼 필요가 있습니다. 유대인들은 사람이 장애나 병적인 신체 조건을 지니고 태어난 것을 그 부모나 자신이 지은 죄의 결과로 보며 멸시하는 풍토가 있었습니다. 우리는 이 사실을 제자들이 날 때부터 시각장애인이 된 사람을 보고 예수님께 "랍비여 이 사람이 맹인으로 난 것이 누구의 죄로 인함이니이까? 자기니이까? 그의 부모니이까?"요한복음 9장 2절라고 질문하는 장면을 통해 확인할 수 있습니다.

분명 삭개오는 자신의 정상적이지 않은 외모를 구원과 선택에서 탈락된 증거로 여겼을 것입니다. 그의 아픔은 외형적으로 보이는 작은 키 때문이라기보다는 작은 키가 의미하는 바인 세상의 어떤 힘이나 위로로도 해결할 수 없는 존재의 의미를 잃은 절망이었을 것입니다. 그래서 그는 돈 많은 재력가가 되어서 자신에게 절망을 안겨 준 현실에 복수하고자 이를 갈며 악착같이 돈을 모아서 부자가 되었을 것입니다. 하지만 그의 내면 깊은 곳의 상처는 치유되지 않았습니다.

그러던 어느 날, 마침내 삭개오는 예수 그리스도를 통해 진정한 치유의 선언을 듣습니다. "예수께서 이르시되 오늘 구원이 이 집에 이르렀으니 이 사람도 아브라함의 자손임이로다"누가복음 19장 9절. 자신은 이스라엘 중에 들지 못하는 저주받은 인생이며, 선택된 자기 동족들과는 다르게 이미 죄인의 운명으로 태어났다고 생각했습니다. 아무리 돈을 벌고 별짓을 다해 보아도 본질적인 내면의 상처는 치유되지 않을 것이라고, 자신은 버림받은 존재라고 절망했습니다. 그런데 예수님은 삭개오를 구원 얻을 자격이 있는 아브라함의 자손이라고 칭하며, 그가 절망했던 근원적 문제를 해결해 그의 존재 가치를 회복시켜 주심으로써 온전히 그를 치유해 주신 것입니다. 예수님과의 만남은 그동안 삭개오를 절망으로 내몰았던 영적인 감옥에서 탈출시켜 주었던 것입니다.

진정한 치유는 겉으로 드러난 외형적 상처에 대한 처방과 치료에 국한되지 않고 내면 깊이 감춰진 상처의 근원을 찾아내 그 뿌리를 제거해 줍니다. 바람직한 치유는 일회용 반창고로 상처를 감싸기보다는 상처가 더 깊어지거나 곪지 않도록 염증의 요인이 될 수 있는 상처 속의 더러운 균을 깨끗이 제거하는 것입니다. 따라서 밖으로 드러난 질병보다 무섭고 근원적인 내면의 문제, 외적으로 나타난 증상의 근원이 되는 내면의 뿌리를 해결하는 것이 진정한 의미의 치유 사역입니다.

더 나아가 상처 날 가능성이 있는 부위에 미리 보호막을 쳐서 피부를 강력하게 보호함으로써 어떤 위험 상황에서도 안심할 수 있도록 만든다면 이보다 더 효과적인 질병에 대한 대책은 없을 것입니다. 이것이 진정 치유하는 교회의 모습입니다. 외적으로 질병이 나타나는 것은 내면의 저항력이 악화되었기 때문이므로 치유하는 교회는 내면의 저항력을 강화시켜서 어떠한 병원균이 침투하더라도 자신을 보호하는 근원적인 치유책에 집중해야 할 것입니다.

모든 문제의 해결책이자, 모든 병의 치료약이며, 우리의 내면의 균형을 지속시키는 비결은 무엇입니까? 먼저는 복음을 선포해서 진리를 깨닫도록 하는 것입니다. 또한 복음을 받아들인 자를 진정 헌신된 제자로 만들어서, 그들로 하여금 밖으로 드러난 질병들을 치료할 뿐만 아니라, 그 병의 뿌리까지 제거하는 역할을 감당하도록 하는 것입니다. 그럴 때, 비로소 하나님이 다스리시는 진정한 그분의 나라가 실현될 것입니다. 이것을 지향점으로 삼고 그 목적에 집중해 이 땅에서 지속적인 섬김을 감당해 나가는 예수 그리스도의 몸된 교회를 우리는 진정으로 본질에 충실한 건강한 교회라고 인정하게 될 것입니다.

이제 털어 버리기 쉽지 않은 고난의 상처를 안은 채 바로세움정립교회의 지체가 되어 치유의 과정을 걷고 있는 양현모 교육 전도사의 간증의 글을 인용하면서 이번 장을 마무리하고자 합니다.

> 저는 기독교 집안에서 태어나 교회에서 자랐습니다. 할아버지, 아버지, 작은 아버지, 고모부가 목사님이었습니다. 이른바 '모태신앙'이었습니다. 교회에서 자라다 보니 좋은 점도 있었지만 부정적인 부분도 있었습니다. 형은 어릴 때부터 '목사'가 되고자 했고 저는 '목사'만 아니면 뭐라도 괜찮았습니다. 다른 사람들 앞에 서는 것이 쉽지 않은 성격이었고 말주변도 좋지 않아 더더욱 그런 생각은 강해졌습니다. 그렇게 자라고 청년이 되었으며, 그 당시 다니던 분당에 위치한 교회에서 좋은 여인을 만났습니다. 같이 어린이부 교사를 하면서 더 가까워졌습니다. 그렇게 그 여인과 1997년 5월에 결혼하고 일반 직장에 다니면

서 겉으로는 평안한 가정의 신실한 그리스도인으로 지냈습니다. 그러나 저는 결코 신실하지 않았습니다. 지금의 바로세움정립교회 교인으로 함께 신앙생활을 하기 전에 저는 분당의 한 대형 교회에 출석했고, 한동안 4부 찬양대에 소속되어 찬양대의 서기도 맡아 열심히 교회 생활을 하는 것처럼 보였습니다. 그런 모습들은 신실하지 않은 저의 신실함이었습니다. 저는 교회에만 열심히 출석할 뿐 정작 의지하고 믿는 것은 저의 아내였습니다. 딸아이는 아내가 관리하니 저는 아내만 있으면 괜찮았습니다. 잘못 살아가고 있다는 것을 알고 있었지만 굳어진 습관은 좀처럼 바뀌지 않았습니다. 아니 바뀌려 하지 않았습니다.

그렇게 좋으면서도 답답함 속에 지내던 어느 날이었습니다. 2013년 10월 정기검진을 받은 아내에게 의사 선생님은 큰 병원에 가서 정밀검사를 받아 보라고 권유했습니다. 위암 초기로 보인다는 의사 선생님의 이야기에 강남세브란스로 가서 정밀검사를 받았습니다. 위암 4기의 결과가 나왔습니다. 모든 것이 무너지는 것 같았습니다. 후에 결과를 알게 된 아내는 많이 힘들어했습니다. 항암 치료를 시작했는데 아내는 머리카락이 빠지고 체력도 저하되어 갔습니다. 저는 새벽에 아내를 위해 근처 교회로 기도하러 다니기 시작했는데 그때처럼 가볍게 일어나서 새벽기도를 갔던 적이 없었습니다. 새벽 설교 시간에 자주 졸던 저였지만 그때는 졸리지도 않았습니다. 간절했으니까요. 짧은 설교 말씀이 끝나고 각자 기도하는 시간이면 저는 늘 바닥에 무릎 꿇고 앉아 기도를 했습니다. "너의 아내를 살려 줄 테니 걱정하지 말아라"고 말씀해 주실 것을 기대했습니다.

그러던 어느 날 하나님의 말씀을 또렷하게 듣게 되었습니다. "내가 너를 쓰겠다!" 그 말씀 가운데 아내에 관한 내용은 전혀 없었습니다. 단지 그 짧은 말씀뿐이었습니다. 그런데 너무 기뻤습니다. 정말 하늘을 날아갈 것 같았습니다. 그리고 바로 집에 가서 아내에게 말해 주었습니다. 아내도 기뻐하면서 저에게 물었습니다. "그런데 나는?" 아내는 자기는 빼고 남편인 나만 쓰겠다고 하신 것이 아닌가 하고 물었습니다. 저는 순간 당황했지만 "나를 쓰면 아내인 당신도 당연히 같이 가는 거지"라고 대답했고 우리는 함께 기뻐했습니다.

그러나 하나님은 아내를 암 진단 후 9개월 만에 하늘나라로 데려가셨습니다. 아내는 저의 모든 것이었는데 그 모든 것이 순식간에 무너지고 말았습니다. 아무 생각도 나지 않았고, 아무것도 할 수 없었습니다.

아내를 보내고 수지에서 동탄으로 이사한 저는 아침마다 딸을 수지의 고등학교에 데려다주고 오후에 데려오는 생활을 반복했습니다. 딸아이를 학교에 등교시키고는 바로 집에 가질 못했습니다. 그래서 딸아이의 학교 근처의 대형 마트에 가서 멍청히 앉아서 지나가는 사람들을 바라보는 것이 오전의 일과였습니다. 지나가는 사람들 중에 아내 나이 또래의 여성들만 보였습니다. 그리고 이런 생각이 들었습니다. '내 아내는 죽었는데 저 사람들은 아무 탈 없이 잘 살고 있구나.' 저는 하나님을 원망하지 않았습니다. 그런데 원망하고 있었습니다. "이럴 거면 왜 그 사람과 만나게 하셨나요? 왜 결혼하게 하셨나요?"

그렇게 일주일을 버티고 금요일 오후가 되면 학교를 마친 딸아이를 데리고 서울 강동구에 있는 형네 집으로 갔습니다. 형이 카페를 통한 새로운 형식의 교회를 개척한 지 2년 정도 지났을 때였습니다. 형과 형수는 충격으로 힘들어하는 저희 부녀에게 주말을 함께 보내자고 제안한 것입니다. 비록 좁은 원룸 숙소였지만 형과 형수 그리고 조카들과 함께 이틀 밤을 보내며, 바로세움정립교회에서 예배를 드리고 교회 식구들과 함께하는 시간은 저희 부녀에게 큰 위안과 의지가 되었습니다.

이렇게 하루하루를 보내고 있을 때 형이 한 가지 제안을 했습니다.

"당분간 카페로 출근하면서 시간을 보내는 게 어때?"

그래서 카페 일을 하면서 지냈습니다. 한동안은 카페에 가서 그냥 앉아 있기만 했습니다. 카페 이름이 '에클레시아'인데 그 뜻이 '교회'라는 것도 처음에는 몰랐습니다. 그렇게 출퇴근하다 형의 권유로 커피 로스팅을 배우게 되었고, 카페 근처인 하남으로 이사한 뒤에는 카페에서 바리스타와 로스터로 함께 일하며 지금까지 지내고 있습니다.

하나님이 아내를 데려가신 이유를 저는 모릅니다. 정확한 것은 그분을 만나는 날에 알 수 있겠죠. 그러나 아마도 저를 통해 하나님의 일을 하시기 위해서라고 생각됩니다. 저는 아내만 있으면 되는 사람이었기에 아내를 데려가셔야 했나 봅니다. 언젠가 형이 카페에서 저와 함께 일을 하던 중에 이런 말을 했습니다.

"하나님이 그분의 큰 뜻을 펼치시는데 우리라는 존재는 극히 작은 일부분에 지나지 않아. 그분의 일을 이루기 위해서 때론 우리가 감당하기 어려운 상황에 처한다고 해도 그분의 섭리를 인정하고 수용하는 신앙의 중심을 유지해야 하지."

그래서 생각해 보니 아내를 먼저 데려가지 않으셨다면 제가 돌이키지 않았을 것이라는 생각이 들었습니다. 그냥 예전처럼 그렇게 살고 있었겠죠. 아내가 아프면서 하나님에 대해 좀 더 자세히 알고 싶어졌습니다. 그동안 교회에서 설교로 듣고 성경 공부로 배우던 하나님에서 더 깊이 더 자세히 그분을, 이토록 아프고 힘든 상황을 당신의 자녀들에게 요구하시는 하나님에 대해서 알고 싶었습니다. 그리고 그 해답을 바로세움정립교회를 통해, 주일 예배를 통해, 교회 식구들과의 교제를 통해, 조금씩 찾아가고 있습니다. 그렇게 상처가 치유되고 회복되어 가기 시작했습니다.

그리고 치유를 통해 그분의 부르심에 응답하는 삶을 살기로 다짐하면서, 아세아연합신학대학원에 입학하기 위해 공부를 시작했습니다. 1차 전형 시기에는 준비가 되지 않아서 지원을 못했고 2차에 지원했는데 시험공부도 많이 하지 못했고, 면접도 단 한 번의 질문에 간단한 대답만 들은 후에 다른 사람들보다 짧게 끝나서 합격할 자신이 없었습니다. 합격자를 발표하는 날에 저는 일 때문에 외부에서 차로 이동 중이었습니다. 그런데 형이 다른 사람들을 통해 저의 합격 사실을 확인하고는 저에게 전화를 걸어 왔습니다.

"축하한다. 합격했단다. 하나님이 너를 빨리 훈련시키셔야 했나 보다!"

형도, 저도 많이 울었습니다. 그렇게 해서 저는 신학대학원에 입학했습니다. 바리스타로, 로스터로 카페 사역을 하면서 학교에 다니는 일이 쉽지는 않습니다. 때때로 많이 낙심되기도 합니다. 지금 뭐하고 있는 건지, 맞게 가고 있는 건지……. 그럴 때마다 주님은 주일 예배 말씀을 통해, 담임 목사님인 형을 통해, 또 카페에 찾아오는 단골손님들을 통해 저를 위로하시고 치료하시며 회복시켜 주십니다. 아내를 살려 달라고 새벽에 기도할 때 저에게 하셨던 말씀을 다시 떠올립니다. 그리고 생각합니다.

'하나님의 일은 그분이 정하신 때가 있어. 그때가 되면 어떤 모습으로든 일을 시키실 텐데, 내가 그 일에 맞는 그릇이 되어야 그분이 원하신 대로 쓰일 테지. 지금은 준비하는 단계이니 할 수 있는 것들을 하자고…….'

저는 교회 공동체를 통해 조금씩조금씩 더 성장해 가고 있는 현실이 감사할 뿐입니다.

네 번째 고백

찾아가는 교회

"매일 가는 곳이지만 갈 때마다 설레고 편안한 곳,
아이들 등교를 마친 엄마들이
하나둘씩 옹기종기 모여 앉아 하루를 시작하는 곳,
미소로 인사를 건네고 안부를 묻고
진심으로 서로를 걱정해 주고 배려해 주는 곳,
열한 살인 딸아이는 사모님을 언니라고 부르며
아이들조차도 편히 드나들 수 있는 곳.
그래서 오늘도 에클레시아에 가는 발걸음이 경쾌합니다."
– 단톡방 에클레시아 멤버 권희숙

"우연히 만나 인연이 되어 준 마음의 휴식처 카페 에클레시아.
목사님, 사모님과의 대화를 통해
인생 선배로서 이런저런 조언도 듣고,
종교에 대한 이야기도 하며 마음의 휴식을 얻게 된
좋은 장소 에클레시아에 오늘도 출근합니다."
– 단톡방 에클레시아 멤버 나원경

저는 이 4장을 통해서 하나님이 주신 비전을 따라 걸었던 지난 5년간의 목회 여정을 이야기하고자 합니다. 그 내용들은 결코 화려하지 않습니다. 많은 사람이 모여든, 이른바 성공한 교회 이야기도 아닙니다. 대신 어려운 세상 속에서 고군분투했던 이야기, 다시 생각해 봐도 가슴이 먹먹한 낙심의 시간들, 그 가운데 소박한 결실들로 행복했던 이야기, 결국 절실한 마음으로 그리기 시작한 작지만 뚜렷한 미래의 꿈 이야기가 있습니다. 저는 이런 민낯의 이야기들을 건강한 교회 공동체를 소망하는 목회자, 미래의 목회를 꿈꾸며 학업 중인 목회자 후보생 그리고 낙심되는 현실 속에서도 희망을 노래하며 이 땅의 교회를 향한 하나님의 은혜를 간절히 기다리는 신실한 그리스도인들과 함께 나누고자 합니다. 그분들과 더불어 이 땅에 찾아오시고 구원을 선물하신 예수님의 마음을 품고 세상을 향해 찾아가는 제자의 삶을 이어 가고 싶습니다.

교회는 많이 부흥했습니까

개척 후 종종 이런 질문을 받습니다. 과거 목회지에서부터 저를 알고 계신 분들이나, 저의 별난(?) 목회가 궁금해서 찾아오시는 목회자들이 가장 궁금해하는 질문이기도 합니다.

"교회는 많이 부흥했습니까?"

저는 이 질문에 대해서만큼은 바로 대답을 하지 못합니다. 또한 그것은 '예', '아니오'로 짧게 할 수도 없는 사안입니다. 그 이유는 질문하시는 분과 대답해야 하는 제가 생각하는 '부흥'에 대한 관점과 이해에 괴리가 있기 때문입니다.

바로세움정립교회는 2012년 11월 마지막 주일에 첫 예배를 드린 후, 지금까지 5년여의 기간 동안 평균 25명 내외의 인원이 주일마다 함께하고 있습니다. 2015년 8월 말까지는 지역의 이웃들을 섬기며 소통하는 장소인 카페에서 주일 예배를 드렸고, 이후 지금까지는 농가식품 건물 2층에 마련된 예배당에서 모이고 있습니다.

건물이나 건물 주변에는 교회 간판이나 교회를 안내하는 팻말도 없어서 주일에 마음먹고 찾아오셨던 분들이 못 찾고 돌아가는 경우가 종종 있습니다. 앞서 말씀드린 것처럼 농가식품 2층에 마련된 15평 정도의 예배당도 의자 등 꼭 필요한 비품 외에는 따로 갖다 놓은 것도 없습니다. 강대상도 바뀐 지 그리 오래되지 않았습니다. 전에는 악보를 놓는 보면대를 사용했는데 우리 교회를 잠깐 방문해 예배를 드리셨던 교우의 아버지께서 너무 초라해 보인다며, 자신이 사는 전남 목포에서 구입해 보내 주셨습니다.

주일 예배를 드리고 함께 점심 식사를 나누며 한 주간의 삶을 나누는 교제의 시간 외에는 별도의 모임도 갖지 않습니다. 매일 새벽에 모이는 기도회나 수요 예배, 금요 심야 기도회도 없고, 등록 교인들을 위한 주중의 교육 훈련 프로그램처럼, 지역 교회들에서 보통 볼 수 있는 모임이 없습니다. 많은 사람들을 교회로 끌어모으기 위해 교인들에게 전도 훈련을 하지도 않으며 실제 전도 활동도 하지 않습니다.

그나마 주일마다 드리는 예배도 형식이나 내용에는 거의 변화가 없습니다. 다만 세례나 입교의 자격을 따져야 하는 성찬식 대신 아이들까지도 모두 함께 참여할 수 있는 애찬식을 자주 가지려고 노력합니다. 우리 교회는 주일에 드리는 헌금을 위해 내용별로 예쁘게 인쇄한 헌금 봉투도 없습니다. 예배당 입구 탁자 위에 예쁜 티슈 박스로 대신한 헌금함을 놓아두고 자발적으로 헌금할 수 있게 안내할 뿐입니다.

어찌 보면 담임 목사가 별 열정이나 기대 없이 그저 안일하게 타성에 젖은 목회를 하고 있는 것처럼 보일 수도 있습니다. 그래서인지 개척한 지 벌써 5년이 지났지만 우리 교회의 주일 예배 인원은 큰 변화 없이 여전히 25명 내외입니다. 현재 우리 교회의 모습을 "교회는 많이 부흥했습니까?"라는 질문에 대한 답변으로 드린다면, 질문하신 분은 과연 어떤 결론을 내리게 될까요? 부흥의 결과라고 인정하기에는 기존의 개념과 꽤 차이가 있는 현실일 것입니다.

하지만 우리 교회 지체들은 현재 모습에 대해 불만을 갖거나 새로운 변화를 요구하지 않습니다. 그리고 저 또한 지금의 우리 교회의 상황에 대해 상당한 자부심을 가지고 있습니다. 25명 내외의 우리 교회 공동체는 지난 5년 동안 진정한 부흥을 경험하고 있기 때문입니다. 교인 증가가 기대되는 위치에 자리 잡은 카페를 놓아두고 양적으로 성장하기 어려운 곳으로 옮겨 온 것은 결코 효율적인 선택이 아닙니다. 하지만 불교 신자였던 건물주의 헌신으로 예배당을 마련했습니다. 하나님이 교회 공동체를 위해 준비해 주신 곳으로 옮겨 온 다음부터의 시간을 돌아보면, 우리는 분명 그리스도인의 정체성을 되찾는 부흥을 경험하고 있습니다.

카페를 통해 주중에 이웃을 만나는 사역의 특수성 때문에 저는 예전 목회지처럼 오랜 시간 집중해 주일 설교 준비를 하지도 못합니다. 각종 심방이나 목회 상담을 통한 돌봄의 시간을 계획하는 것도 불가능합니다. 교회가 기도회나 예배로 주중에 모이는 일이 따로 없고, 교인들을 위한 별도의 성경 공부나 제자 훈련도 없습니다.

다만 매장을 통해 교우들과 같은 입장에서 세상의 삶을 살며 얻은 생생한 경험들을 바탕으로 설교를 준비합니다. 사람들을 상대하며 지치고 상한 마음에 주님의 위로와 지혜를 담아 메시지로 전합니다. 전에 시무하던 교회보다 낮은 위치에 놓인 강대상에서, 교우들과 눈높이를 맞추고 함께 울고 함께 웃으며 은혜를 나눕니다. 그리고 주신 은혜에 일주일을 맡기고 다시 각자의 삶의 현장에서 승리할 것을 다짐하며 흩어집니다. 그렇게 켜켜이 쌓인 시간들을 통해 어느 틈엔가 그리스도인답게 사는 삶이 무엇이며, 우리가 고치고 버려야 할 습성은 무엇인지를 깊이 깨닫는 내면의 부흥을 경험합니다.

'하우비', 풀어 말하면 '하나님이 우리에게 주신 비전'이 무엇인지 확실히 깨달았습니다. '우꿈바', 즉 '우리가 꿈꾸는 바로세움정립교회'의 모습은 무엇인지도 이제는 명확히 압니다. 이 땅을 살아가며 우리가 교회 공동체로 이루어야 할 과제가 무엇인지를 바로세움정립교회 지체들은 분명하게 알고 있습니다.

이러한 결과는 보편적인 지역 교회의 운영 방식을 따라서는 결코 얻을 수 없습니다. 또한 그것은 부흥의 여부를 가름하는 일반적인 기준과도 거리가 멉니다. 정상적 성장의 과정을 지향하는 목회 스타일도, 숫자의 증가나 교회 재산의 증가로 대변되는 외면의 확장도 아니기 때문입니다. 부흥의 여부를 묻는 질문에 대해 제가 즉시 대답을 하지 못하고 머뭇거리는 이유가 바로 이 때문입니다.

세상적인 표현에 따르면, 과거의 저는 '꽤 잘나가는 목사'라는 말을 듣기도 했습니다. 저는 서른아홉 살의 나이에 동안교회 수석부목사[사역조정실장]의 직책을 감당했습니다. 상황에 따라 담임 목사의 역할을 대신하며 부교역자들을 대표하고 그들에게 리더십을 행사할 권한과 책임을 가진 위치였습니다. 동안교회 이후에는 당시 한국의 스펄전이라 불리던 이동원 목사님으로부터 지구촌교회의 비서실장 사역을 제안받아 섬기기도 했습니다. 이후 정릉제일교회 담임 목사로 부임하기 전까지 저는 지구촌교회에서 비서실장을 거쳐 길지 않은 시간이지만 수석부목사의 역할을 감당했습니다. 그때 제 나이 마흔세 살이었습니다. 지구촌교회 수석부목사는 비슷한 연배의 목회자들의 부러움을 사기에 충분한 자리입니다. 당시 수석부목사는 교구 시스템 전체를 책임지는 목양원장의 직책과 행정 시스템을 책임지는 사역조정실장을 겸했습니다. 저의 친구들을 비롯한 많은 목회자들이 저를 매우 대단한 사람처럼 여기는 조건이었습니다. 이런 과거의 경험을 통해 비교적 많은 목회 자산을 축적할 수 있었기에, 첫 담임 목회 현장에서는 모두가 부흥이라고 인정해 주는 성과를 거두기도 했습니다.

하지만 결국 그때까지의 목회 여정을 통해 얻은 결론은 단 한 가지로 귀결되었습니다. 내면적 변화와 그에 따르는 성숙이 없는 교회의 외면적 확장은 오히려 건강함을 추구하는 걸 방해하는 심각한 병폐의 요인이 된다는 사실이었습니다. 아무리 많은 인원이 모여들어도, 첨단 설비와 화려한 인테리어로 잘 꾸며진 건물에서 신학적 깊이를 지닌 설교를 전한다 해도, 전문 인력들의 연구와 수고를 통해 완성된 각종 다양한 교육 프로그램이 풍성히 준비되어 있다고 해도, 교회 행정을 충분히 학습하고 실행한 경험을 지니고 있다고 해도, 그것이 진정한 의미의 성장을 이루게 하지 못합니다. 참된 그리스도 정신을 계승하지 않고, 지속적으로 자기를 부인하는 진실한 그리스도의 제자를 생산해 내지 못하면, 그 교회는 성장한 것이 아니며 부흥한 것도 아니라는 사실입니다.

언제부터인가 한국 교회는 교인들을 위한 교회, 기독교인이라고 동의하는 종교인들만의 모임으로 여겨지고 있습니다. 세상 사람들 눈에 비친 교회는 입으로만 구원을 떠들어 대며 자기들끼리만 어울리고 이 땅에서 잘 먹고 잘살다가 내세까지 그런 삶이 이어지기를 바라는 이기적이고 편협한 신앙 공동체로 인식되고 있습니다. '같은 종교를 가진 사람들끼리 모이는 공동체'로 지역에 존재하면서 사람들을 끌어모으고, 그 공동체의 일원이 되게 하는 교회. 교회의 존재 양식과 기능을 수행하는 방식에 동의하는 사람들에 의해서 언제나 모임이 유지되는 공동체. 지역 교회라는 제한된 틀을 유지한 채 찾아오는 사람들을 관리하고, 내세에 구원을 얻게 해 주며, 그 자격을 유지하게 해 주는 공동체에 그치는 교회.

그런 교회답지 않은 교회는 더 이상 존재할 필요가 없습니다. 기독교라는 특정한 종교인들 안에만 제한적으로 묶여 있는 하나님이 아닌, 온 우주를 창조하고 운영하는 만물의 주인이신 하나님을, 태초부터 이미 자연을 통해서 모두에게 계시되고 있는 하나님의 존재를, 기독교 신앙인이 아닌 보편적인 사람들이 이해할 수 있도록 그들이 이해할 수 있는 언어, 그들이 받아들이기 쉬운 코드와 익숙한 문화의 옷을 입고 찾아가서 충분히 제시해 주고 가르쳐 주어야 합니다. 모두에게 열려 있는 유일한 진리가 무엇인지를 명확히 깨닫게 해 주어야 합니다. 그리하여 세상 모든 민족이 구원에 이르도록 하는 것이 마태복음 마지막 장 마지막 부분을 통해 우리에게 주신 주님의 대위임령을 수행하는 목회자의 본분입니다. 교회에 대한 우리의 이해를 다시 점검해야 합니다. 내면의 성숙을 목표로 하는 신실한 그리스도인 공동체를 추구할 때 비로소 진정한 성장과 부흥에 도달할 수 있습니다.

버려야 할

낡은 부대

미국 캘리포니아 주의 로스앤젤레스 근교 가든 그로브라는 곳에는 미국 서부를 대표하는 관광 명물이 있습니다. 크리스탈 성당Crystal Cathedral, 과거 '수정교회'로 알려진 건물입니다. 수정 같은 효과를 내기 위해 총 10,664장의 유리로 외관을 덮어서 반사된 햇빛에 낮에는 수 킬로미터 밖까지 휘황찬란하게 번쩍거립니다. 이 교회 건물은 진도 8의 강진에도 견딜 수 있도록 지어졌고, 최대 2,000여 명까지 동시에 수용할 수 있습니다. 또한 당시 우리 돈으로 22억 정도 들여 설치한 세계에서 가장 큰 파이프오르간을 보유한 것으로 유명합니다.

저는 2003년도에 이 교회를 가 보았습니다. 교회 건물 주변은 잘 꾸며진 거대한 공원 같았고, 으리으리한 교회 건물 내부에서 진행되는 각종 프로그램은 일반 방송사의 버라이어티 쇼를 능가했습니다. 특히 부활절과 성탄절 행사는 라스베이거스의 특급 쇼를 방불케 합니다. 무대로 변하는 커다란 강단 위로 말과 낙타도 뛰어다니고, 천사로 분장한 출연자들이 와이어를 타고 공중을 날아다니기도 합니다. 문자 그대로 미국을 넘어 전 세계 개신교회를 대표하는 건물을 소유한 수정교회는 미국의 부자 교회로도 유명했습니다.

그런데 이 교회가 2010년 10월에 파산 신청을 했고 1년 후인 2011년 11월에 그 크고 휘황찬란한 교회 건물은 로스앤젤레스 근교에 있는 천주교 오렌지 교구에 매각되었습니다. 파산의 직접적인 원인은 교회 건물을 지으며 얻은 부채와 돈이 많이 드는 행사를 계속 치르느라 생긴 빚 때문이었습니다. 수정교회의 빚은 4,850만 달러[약 520억 원]나 되었다고 합니다.

그런데 이와 비슷한 일이 우리나라에서도 벌어졌습니다. 2013년 7월 1일, 종교 시설로는 역대 최고가인 526억 원짜리 교회 건물이 경매 시장에 등장했습니다. 경기도 성남시 분당구 판교역로에 지어진 충성교회 건물이었습니다. 1,264평 대지에 지하 5층, 지상 7층, 연건평 8,000평에 3,000석의 예배당, 카페, 세미나실, 체력 단련장을 갖춘 건물이었습니다. 1992년 서울 강남구 일원동의 상가 지하에서 시작해 교인 수 1만 명 규모로 성장한 충성교회는 판교 신도시로 유입되는 교인들을 바라보고 이 건물을 지었습니다.

하지만 처음의 예상과 달리 교인이 많이 늘지 않아 헌금을 많이 걷을 수 없었고, 결국 무리한 부채를 견디지 못해 자금난에 시달리

다가 경매로 넘어간 것입니다. 토지의 용도가 종교 시설로 제한되어 있어 교회 이외에는 입찰에 참여하는 것도 어려웠고, 경매가도 높아서 몇 차례 유찰을 거듭하며 경매 가격은 계속 하락했습니다. 그러다가 결국 2014년 9월 1일, 충성교회 건물은 주요 교단이 이단으로 규정한 '하나님의교회세계복음선교협회하나님의교회'에 감정 평가액의 절반을 웃도는 288억 원에 단독 낙찰되어 소유권이 '하나님의교회'로 넘어갔습니다.

이런 일은 비단 충성교회만의 문제가 아닙니다. 지난 2013년 7월 28일 MBC '뉴스데스크'는 이런 뉴스를 내보냈습니다.

"최근 들어 빚더미에 오른 종교 시설이 해마다 늘고 있습니다. 경매에 넘어간 것만 해도 5년 전 181건에서 작년 312건으로 70퍼센트 이상 급증했으며, 대부분 교회 건물입니다……. 대형 교회 건물이 법원 경매 매물로 나오는 사례가 부쩍 늘고 있고 있는데, 이는 교회 건물을 '무리하게 크게 짓다'가 빚더미에 올랐기 때문입니다."

한국 교회가 이처럼 뒷감당도 못하는 교회 건물 건축, 즉 '건물 신드롬'에 빠진 내면의 이유는 '확장을 통한 교인 수 증가'라는 기대 심리가 깔려 있기 때문입니다. 번듯한 예배당 건물을 지으면 사람들이 몰려들었던 과거의 추억에 아직도 매몰되어 있는 것입니다. 그런데 기존의 교인들을 모두 수용할 수가 없어서 불가피하게 교회를 새로 짓는 경우는 거의 없다는 것이 냉정한 현실입니다.

뚜렷한 목회 철학이나 가시적인 목표도 없이 교세 확장의 수단으로 건물을 짓다가 낭패를 보는 이런 개탄스런 한국 교회의 현실과 개신교 신자의 숫자 감소 현상은 연관성이 깊습니다. 지난 2015년 예장통합 교단의 101회 총회 때 보고된 총회 통계위원회 보고 자료에 따르면, 통합 교단 내 전체 교인 수가 전년 대비 21,472명 감소했다고 합니다. 예장통합 교단뿐만 아니라 다른 대부분의 교단들도 교인 수가 감소한 것으로 밝혀졌습니다. 이런 감소 현상은 일시적인 추세가 아니라 2010년경부터 지속되어 온 현상이며 앞으로도 지속될 전망이라고 합니다.

이 같은 교인 감소의 현상이 발생할 수밖에 없는 원인으로는 목회자의 교회 재정 비리 사건이나, 교회 내의 성 범죄 사건 등이 거론되고 있습니다. 이런 윤리의식과 도덕성의 상실에 목회자가 관련된 사례들이 적지 않다는 것은 참으로 민망하고 안타까운 일입니다.

이러한 결과들을 종합적으로 살펴볼 때 지금 한국 교회가 겪고 있는 쇠퇴는, 신앙 대신 물질을 선택하고 희생 대신 출세를 추구하며 재정적 부유함이나 명성 혹은 권세로 확인되고 증명되는 세속적인 축복을 기준으로 삼은 그릇된 신앙과 신학의 결과라고 단정 지어 말할 수 있습니다. 그리고 이런 쇠퇴의 결과는 서두에 이야기한 수정교회의 몰락의 원인과 같은 뿌리에 있다고 말할 수 있습니다. 수정교회 담임 목회자였던 로버트 슐러 목사는 심리학적 이론에 신학적인 옷을 입혀서 성공과 번영의 메시지를 전달하는 목사였습니다. 그는 2001년에 쓴 자서전에 이런 내용의 글을 남겼습니다.

"커피숍에서 대화를 나누든 강대상에서 설교를 하든 복음을 전할 때마다 하기로 마음먹은 것이 있다. 누군가를 가르치거나 회심하게 하려는 의도로 설교를 하기보다는 그들을 격려하고 북돋아 줄 수 있도록 해야 한다는 것이다. 그래서 심리치료사들의 스타일과 전략을 들여오기로 마음먹었다."

이런 생각에 기인한 로버트 슐러 목사의 '적극적 사고', '긍정의 힘' 등은 미국 백인 중산층들의 열렬한 호응을 받았습니다. 수정교회 등록 교인 대부분이 성공한 백인들이었는데, 자신들이 성공해서 부자가 되는 것을 로버트 슐러 목사의 '번영신학'이 지지했기 때문입니다.

한편 '할 수 있다'고 믿으면 불가능한 것이 없다는 로버트 슐러 목사의 외침은 한국의 개신교 목회자들에게 큰 영향을 끼쳤습니다. 그중 대표적인 목회자가 여의도에 위치한 세계 최대 규모의 교회를 담임하셨던 분입니다. 또 한 분은 강남 요지에서 8만여 명의 교인을 목회했던 분입니다. 우리나라의 대표적인 메가처치 담임 목사였던 두 분은 로버트 슐러 목사와 여러모로 닮았습니다. 이들이 목회했던 교회가 엄청난 규모로 증가하는 모습을 본 한국의 목회자들은 그들의 목회 전략을 앞다투어 자신들의 목회에 적용하게 되었습니다. 사회적인 성공으로 얻은 부유함이나 개인의 건강을 하나님이 주신 축복으로 해석한 로버트 슐러 목사의 '번영신학'은 한국인들의 기복신앙과도 잘 맞물렸기 때문입니다. 그리하여 한국 교회는 로버트 슐러 목사를 모델로 삼은 철학에 매몰되었으며 수정교회 같은 외형에 치중한 건물을 모델로 삼은 건축 신드롬에 빠지게 된 것입니다.

새 부대가 요청되는 시대

이제 우리는 좀 더 진지한 질문을 할 필요가 있습니다. 한국 교회나 목회자들이 현재의 바람직하지 않은 결과에 이르게 된 원인은 무엇일까요? 무엇이 이토록 건강하지 않은 목회를 추구하도록 만들고, 외형과 규모에 치중하는 안타까운 모습들을 보이게 한 것일까요? 다름 아닌 가장 중요한 교회의 본질을 놓쳤기 때문입니다. 세속적 가치 기준에 매몰되어 진정한 교회의 정체성, 교회 공동체의 존재 이유를 잊어버렸기 때문입니다. 그리고 이것은 진정한 교회의 부흥에 대한 오해와 교회 성장에 대한 오해로부터 기인합니다.

한국 교회에는 두 가지 종류의 교회만 존재한다는 이야기가 있습니다. 이미 대형화를 이룬 교회와 대형화를 꿈꾸는 교회라고 합니다.

한국 교회 거의 대부분의 목회자들이 바라고 추구하는 교회의 모델이 바로 대형 교회라는 것입니다.

하지만 대형화에 대한 욕망은 결국 우리의 영혼을 피폐하게 만듭니다. 본질을 놓치고 세속적으로 변질되게 하는 바람직하지 못한 결과에 이르게 했습니다. 지금 한국 교회의 위기는 교회 성장을 잘못 이해한 규모와 숫자의 대형화에서부터 시작되었습니다.

그렇다면 이처럼 결코 간과할 수 없는 심각한 한국 교회의 문제점 중에 하나인 대형화를 꿈꾸는 교회 성장주의가 오늘날 한국의 기독교 안에 만연하게 된 이유는 무엇일까요? 저는 그 이유 중 하나가 저와 같은 시기에 신학 교육을 받은 목회자들이 학습한 교회 성장 이론 때문이었다고 생각합니다. 당시 교회 성장 관련 이론의 주류였던 도널드 맥가브랜Donald A. McGavran 박사의 교회 성장 이론은 한국의 목회자들의 인식에 많은 변화를 주었습니다. 안타까운 점은 교회의 본질적이며 영적인 면보다는 외형적이며 형식적인 면에 더 많은 강조를 두게 만들었다는 것입니다. 한국 교회의 대형화는 미국의 상업주의와 실용주의 철학이 스며든 결과로 볼 수 있습니다. 결국 한국의 초대교회가 지녔던 순수한 신앙 공동체의 모습이나 종교개혁자들이 주장했던 올바른 교회의 본질에서 멀어지도록 만드는 결과에 이르게 했습니다. 그리고 이런 흐름들은 한국 교회와 그 교회 공동체에 속한 수많은 그리스도인들에게 '성장'에 대한 그릇된 기준을 심어 놓고 말았습니다. 오늘의 한국 교회는 세계가 놀랄 만큼 매우 빠르게 성장했다는 평가를 받습니다. 하지만 여기서 말하는 성장은 숫자적 증가를 말하는 것이며 이런 세상의 가치 판단의 기준이 교회에 유입되어 교회의 거룩함을 훼손하고 말았습니다. 그 영적 손실은 이루 말로 표현할 수 없을 만큼 큽니다.

우리는 종종 섬기는 교회의 교인들이 얼마나 많아졌는지를 목회자의 능력과 성실성의 판단 기준으로 삼습니다. 그리고 숫자의 증가와 예산 규모의 확대를 이루어 낸 목회자는 마치 능력 있는 경영자인 것처럼 떠받들고 대우합니다. 로버트 슐러 목사의 '번영신학'과 같은 바르지 못한 신학과 손잡고 양적 성장에 치중하는 목회자들이 생기면서 교회 공동체 구성원의 숫자와 교회 건물 대형화의 바람은 일어났지만, 안타깝게도 교회의 지체인 교인들의 영적 성장과 인격적 성숙은 불신자의 수준에도 미치지 못하는 결과를 가져온 것입니다. 본질을 놓친 이런 결과는 한국 교회를 쇠퇴기에 접어들게 만들었습니다.

한국 교회가 건강함을 잃고 쇠퇴기에 접어들도록 부채질한 오해의 내용들을 이제 더 이상 그냥 방치해서는 안 됩니다. 사도 바울이 에베소서 4장 13절에 기록한 성장에 대한 개념이 이런 오해를 바로잡는 좋은 기준이라고 생각합니다. 사도 바울은 그리스도인들이 범사에 예수 그리스도의 장성한 분량에까지 자라야 한다고 말합니다. 사도 바울이 말하는 교회나 교회 공동체의 구성원인 그리스도인들이 목표로 추구해야 할 성장의 의미와 기준은 명확합니다. 숫자나 규모의 증가가 아니라 예수 그리스도의 모습을 닮는 영적인 성숙이라고 그는 말하고 있습니다. 교회의 몸된 지체들이 영적으로 성숙하여, 교회의 머리되신 예수 그리스도의 분량에까지 이르러 균형 잡힌 몸을 이루는 질적 성숙이 훨씬 이상적이고 바람직한 성장이라는 것입니다. 이제 교회는 성장의 기준을 완전히 바꾸어야 합니다. 그리스도의 몸으로서의 성장, 성령의 열매 맺는 성장을 추구하는 일을 더 이상 간과해서는 안 됩니다. 교회가 추구하는 가치관과 목회 원리 및 궁극적인 목표를 다시 점검하고 바로잡아야 합니다. 그리하여 세상으로부터 부름받은 자들로 이루어진 공동체다운 본질에 충실한 교회의 모습으로 세상을 향해 다가가야 합니다.

'교회'라는 말의 본질적인 의미를 다시 한 번 정리해 보겠습니다. 베드로의 신앙고백 위에 세워진 주님의 교회를 일컫는 헬라어 '에클레시아'는 '세상으로부터 하나님의 부름을 받고, 세상에서 나와 하나님께 속하게 된 사람들', 즉 '세상과 구별된 무리'라는 뜻입니다. 그런데 문제는 오늘날 이 땅의 교회들은 오히려 세상의 질타를 받고 있다는 사실입니다. 그리고 그 질타의 가장 큰 이유는 '빛의 공동체'로서 교회의 본질이 흔들리고 있기 때문입니다.

바로 그 점에 심각성이 있습니다. 교회가 '세상과 구별된 무리'가 아닌 '세속적 가치 기준에 물든 무리'가 된 것입니다. 개신교가 전래된 지 130년의 세월이 지난 현재의 한국 교회는 전래 이후 가장 큰 위기의 때를 보내고 있습니다.

기독교윤리실천운동[기윤실]이 지난 2017년 3월 3일에 발표한 '2017 한국 교회의 사회적 신뢰도 여론 조사' 결과를 보면 한국 교회에 대한 우리 사회의 신뢰도는 20.2퍼센트인 것으로 확인됐습니다. 성인 열명 중 두 명만 한국 개신교를 신뢰한다고 응답했으며, 개신교는 종교 기관별 신뢰도에서도 천주교가톨릭, 불교보다 낮은 것으로 나타났습니다. 주요 종교 기관의 신뢰도는 가톨릭(32.9퍼센트)이 가장 높았고 이어 불교(22.1퍼센트), 개신교(18.9퍼센트), 기타 종교(2.8퍼센트) 순이었으며, 연령별로 살펴보면 20대와 60대 이상 연령층에서 기독교는 세 종교 중 단연 꼴찌입니다. 30-50세의 연령층에서는 불교와 비슷한 신뢰도를 보이고 있었습니다. 한국 교회가 더욱 신뢰받기 위해 개선되어야 할 사항으로는 '불투명한 재정 사용'이라는 응답이 '26.1퍼센트'로 가장 높았고, 다음으로 '타종교에 대한 태도'(21.9퍼센트), '교회 지도자들의 삶'(17.2퍼센트), '교인들의 삶'(14.5퍼센트), '교회 성장 제일주의'(14.5퍼센트) 등의 순서로 나타났습니다.

세상의 요구와 기대를 도외시한 채 자기주장만 하는 것으로 비쳐진 한국 교회는 불신의 대상으로 전락했습니다. 아무리 진리를 선포한다 해도 세상이 교회를 외면하는 현실에 이르렀습니다. 그렇다면 존재의 이유를 상실한 교회를 양성한 지금까지의 존재 방식을 이제는 바꿔야 마땅하다는 결론에 이르게 됩니다.

오늘날 이 시대의 화두 중 하나는 바로 '변화'입니다. 모두가 변화를 이야기합니다. 물론 그 변화는 후퇴가 아닌 성장을 의미하는 긍정적 변화입니다. 변하지 않고 정체하면 부패해서 무너진다는 것입니다. 광고나 선전에 등장하는 핵심 주제나 소재 역시 '변화'입니다. 요즘 가장 경쟁력 있는 광고 아이템도 아마 '변화'라는 상품일 것입니다. 대부분의 광고들은 '이것은 다릅니다!'라는 메시지를 담고 있습니다. '이 제품을 사용하면 당신의 삶이 달라진다'거나, '우리 기업은 변화나 변혁을 선도한다'는 식의 선전들을 합니다. 그런가 하면 선거철에 등장하는 구호 가운데 가장 직설적인 표현 또한 '바꾸자!'입니다. 이 아이템이 성공적일 수밖에 이유는 대부분의 사람들이 변화를 원하기 때문입니다. 정체된 삶에 새로운 변화를 주고 싶어 새 옷을 사기도 합니다. 가구나 자동차를 구입하거나 바꿔 보기도 합니다. 더러는 하던 일을 그만두고 새로운 일을 시도하는 경우도 있습니다. 이미 빠르게 변하는 세상의 속도에 익숙해져서 쉽게 지루함을 느껴서인지도 모르겠습니다. 아무튼 대부분의 현대인들에게 변화는 새로운 활력을 의미합니다.

그런데 재미있는 사실이 있습니다. 대부분 변화를 바라지만 실재로는 근본적인 변화, 획기적인 변혁, 혁명적인 변화에 대해서는 부정적이라는 것입니다. 우리가 바라는 변화는 우리의 삶에 활력을 불어넣을 정도입니다. 약간만 수정하고 재배치하거나 재조정하는 정도의 변화인 것입니다.

그렇지만 이 정도의 변화로는 이미 심정지心停止 상태에 이른 한국 교회를 소생시키기 어렵습니다. 지금 한국 교회에 필요한 것은 모양의 변화가 아닌 그릇의 교체입니다. 예수님 당시 중동 지방에서는 포도주를 제조할 때 양이나 염소의 가죽을 통째로 벗겨 낸 후 목 부분을 제외한 나머지 부분을 다시 기워 만든 가죽 부대를 활용했습니다. 갓 짜낸 즙 상태의 포도주를 여기에 넣어 발효시키는데, 이때 부대에 담긴 신선한 포도즙은 발효 과정에서 이산화탄소 가스를 배출하게 됩니다. 그런데 이 과정에서 사용한 적 있는 낡은 부대를 사용하면 신축성이 떨어져 뻣뻣해지고 바느질한 부분도 느슨해집니다. 여기다가 새 포도주를 담으면 부풀어 오르는 발효 과정을 버티지 못하고 결국 터지게 되는 겁니다. 새 가죽 부대는 신축성과 유연성이 좋아 이 과정을 잘 버텨 낼 수 있습니다. 하지만 이미 팽창을 경험해 탄력을 잃어버린 낡은 가죽 부대는 가스의 압력을 견디지 못해 터져 버리고 맙니다.

기존의 틀을 유지한 채 이루어지는 교회 변화나 개혁은 의미가 없다는 사실을 우리는 오늘의 교회 현실을 통해 뼈저리게 경험하고 있습니다. 변화와 개혁이 아닌 기존의 존재 방식을 해체하고 새로운 존재 방식을 만들어 내는 것만이 오늘의 한국 교회를 다시 살릴 수 있는 해결책입니다. 이미 부대가 터져 내용물이 쏟아져 내리고 있는 한국 교회를 그나마 건질 수 있는 새 부대가 절실히 요청되는 때입니다.

새 술 빚기

이미 많은 교회들이 존재하는 현실 속에서 바로세움정립교회를 개척하는 과정에 놓치지 말아야 할 기준은 분명했습니다. 바로세움정립교회의 설립 목적은 교회의 양적인 성장이 아닌, 하나님의 구원의 은혜와 하나님의 사랑을 세상에게, 이웃에게 올바로 전하는 것입니다. 하나님이 이 시대, 이 땅에 또 하나의 주님의 몸인 공동체를 설립하시는 이유, 그 존재의 이유를 바로 깨닫는 건강하고 책임감 있는 교회여야 합니다.

2000년 전 베드로의 신앙고백에 따라, 예수 그리스도의 십자가를 통해, 오늘 우리에게 허락하신 주님의 몸된 공동체의 정신을, 교회의 중심에 견고히 세우는 것입니다. 그리고 바르게 세워져 가는 교회 공동체를 통해서 그리스도를 닮아 가는 제자를 만들어 내는 것입니다. 그리고 그 제자들을 통해 지역사회를 그리고 사탄에 의해 세상의 포로가 된 갇힌 자, 가난한 자, 마음이 상한 자, 버림받고 소외 받은 자들을 섬기는 것입니다.

저는 오늘 제 삶의 자리에서 믿음의 유산이자 살아 있는 증거인 주님의 십자가를 대가로 지불하고 세우신 새로운 주님의 교회를 건강하게 보전하며 증거하기로 분명히 결단했습니다. 교회 본질을 회복하는 과제를 붙들고 고민하며 개척을 준비하던 저에게 드디어 가슴 떨리는 기대가 생기기 시작했습니다. 건강한 교회의 모델이 되는 공동체를 발견한 것입니다.

앞에서 말씀드렸듯이 제가 선택한 모델은 바로 미국 워싱턴 D. C.의 세이비어 교회였습니다. 세이비어 교회를 개척 설립한 고든 코스비 목사님은 예수님의 첫 제자들로 인해 시작된 초대교회 공동체의 헌신이 되살아나기를 소망했습니다. 헌신된 사람들이 동참하는 복음적인 교회를 꿈꾸었던 그는 서른 살이었던 1947년에 단돈 37달러로 건물을 빌려 교회를 개척했습니다.

그가 개척한 세이비어 교회는 백악관에서 불과 3킬로미터 정도 떨어진 워싱턴 D. C. 북쪽 빈민 지역 애덤스 모건에 있습니다. 세이비어 교회는 한국의 대형 교회들이 벤치마킹하는 미국의 윌로크릭 교회나 새들백 교회처럼 수만 명이 모이는 대형 교회가 아닙니다. 1947년에 교회를 설립한 이후 단 한 차례도 교회의 정회원이 150명을 넘어 본 적이 없는 작은 인원의 교회 공동체입니다.

하지만 영향력만큼은 실로 대단합니다. 이 교회의 1년 예산은 우리 돈으로 약 200억 원가량 됩니다. 대부분 외부의 사람들이 헌금한 이 예산을 가지고 세이비어 교회는 200여 개 사역을 진행하고 있습니다. 노숙자, 마약과 알코올중독자, 절대 빈곤층의 사람 등 소외된 이웃들을 대상으로 엄청난 사역을 감당하고 있습니다. 그야말로 작지만 강하며 교회의 존재 이유에 충실한 교회라 할 수 있습니다. 저는 주저 없이 이 교회를 개척의 모델로 선택했습니다.

저의 교회 개척 모델이 된 세이비어 교회가 지역사회를 위해 첫 번째로 한 사역은 '토기장이의 집포터스 하우스' 사역이었습니다. 세이비어 교회는 신자들끼리만 모이는 교회가 되기를 원하지 않고, 이웃들에게 다가가 그들에게 하나님의 뜻을 전하며 그분의 뜻을 실현하는 바람을 가지고 있었습니다.

그래서 주로 흑인과 남미계 사람들이 밀집해서 사는 워싱턴 도심의 가난한 지역인 애덤스 모건에 작은 카페 겸 서점인 '토기장이의 집'을 시작한 것입니다. 카페 경영이라는 관점으로 보면 카페로 적합한 곳이 아닌 이곳에 세이비어 교회는 지역사회와 만나는 접촉점으로 카페를 열었습니다. '토기장이의 집'에서는 여러 가지 문화 활동을 비롯한 모임들이 열립니다. 저녁에는 세이비어 교회에 속한 여러 예배 공동체들이 이 카페를 이용해서 예배를 드립니다. 이 카페는 점심을 비교적 싼값에 제공합니다. 그날의 자원봉사자들이 일반 가정집에서 먹는 것과 비슷한 메뉴를 준비해서 판매합니다. 이렇게 그곳을 오가는 지역의 주민들이 점심을 먹으러, 혹은 커피 한 잔 마시러, 혹은 책이나 소품을 사러 편안히 들렀다가 교회의 사람들과 친구가 됩니다. 그런 시간들을 통해 그들은 자신들의 삶을 함께 나누게 됩니다. 때로는 심각한 고민이나 영적인 갈망에 대한 이야기도 털어놓게 되는 상담소가 되는 것입니다.

지역사회와 만나는 교류의 장으로 세이비어 교회가 선택한 '포터스 하우스'와 동일한 목적을 가지고 바로세움정립교회는 '카페 에클레시아'의 문을 열었습니다. 커피 한 잔을 마시러 편안히 들렀다가 바리스타인 목회자와 친구가 되고, 그렇게 자기 삶을 나누다가 때론 심각한 고민이나 영적 갈망에 대한 상담까지도 이루어지는 공간이 되기를 바라며 '카페 에클레시아'를 운영합니다. 지역 주민들과 함께 삶을 나누며, 그들의 필요를 채워 주는 공간, 그리스도인들의 소그룹 모임을 위한 공간, 힘든 가정의 아이들에게 공부도 가르쳐 주는 공부방, 이런저런 어려움들을 듣고 해결점을 찾아 주는 상담소, 작은 음악회나 전시회가 열리는 공간 등으로 사용되기를 꿈꾸었습니다.

그러나 현실은 꿈꾸는 대로 이루어질 만큼 그렇게 만만하지 않았습니다. 그토록 많은 마음의 기대를 담기에는 여러 가지 극복해야 할 문제들이 많았습니다. 13평 규모의 작은 영업장에서 매일 얻는 수입을 모아 월세를 비롯해 각종 재료 구입비, 전기 요금, 수도 요금, 그 밖의 관리비를 해결해야 합니다. 더욱이 적은 면적의 공간에서 자비량 사역을 위한 수익 사업과 사역을 병행하기에는 현실이 그리 녹록지 않았습니다.

교회를 개척한 후 약 2년 동안은 지금 돌이켜 봐도 가슴이 답답

할 정도로 암울했던 시기였습니다. 자영업 형태로 커피 전문점을 운영하는 일이 처음이었던 까닭에 카페의 수입은 형편없었습니다. 그야말로 먹고살기도 버거웠습니다.

더군다나 이 문제가 우리 가정에만 국한되지 않는다는 것이 더 큰 마음의 짐이었습니다. 생계의 위협을 느끼는 가정이 두 가정 더 있었던 것입니다. 제가 담임했던 교회에서 함께 사역한 부목사 한 분과 전도사 한 분이 교회 개척에 동참하였습니다. 그들은 건강한 교회를 지향하는 저의 목회 철학에 동의하고 카페를 목회 도구로 선택한 전략을 매우 바람직하게 여긴 소중한 동역자들로, 그들 역시 바리스타 자격증을 소유하고 있었습니다. 이전에 섬겼던 교회의 문화 센터 건물 1층에서 운영한 카페를 통해 지역사회와 소통을 꿈꿨던 저의 뜻에 공감해 자격을 미리 갖춘 상태였기 때문입니다. 저희 가정은 그렇다 해도, 개척에 동참한 부목사님 가정과 전도사님 가정이 생계에 곤란을 겪는 걸 지켜보는 게 힘들었습니다. 참으로 마음이 무겁고 민망하기 짝이 없었습니다.

매일의 생활을 걱정하며 마음 졸이던 어느 날, 결국 저는 생활비를 벌기 위해 또 다른 생계 수단을 병행하기로 결심했습니다. 택시 운전이었습니다. 목회 외에 특별한 재주가 없고 세상 경험도 거의 없었던 저로서는 달리 할 수 있는 일이 없었습니다. 두려운 도전이었지만 용기를 내서 잠실에 있는 교통회관을 찾았습니다. 이후 택시 기사 자격증을 따고 법인 택시 회사에 잠시 취업하게 되었습니다. 매일 새벽 제가 운행할 택시를 인수하면서 간절히 기도했습니다.

"하나님 제발 오늘도 승객 중에 저를 알아보는 분이 없게 해 주세요."

지금 생각해도 참 힘들었던 시기였습니다. 하지만 그 어느 때보다 저의 영성이 반짝거리며 빛날 수 있도록 하나님은 저를 훈련시켜 주셨습니다.

이런 어려움의 시기를 하루하루 버텨 가는 동안 카페는 점점 자리를 잡았습니다. 그 과정 중에 개척에 동참했던 두 분의 목회자는 각각 박사 과정 진학과 유학이라는 새로운 도전을 선택해 떠나갔습니다. 카페는 2년이 지나면서부터는 손익분기점을 넘어섰습니다. 그 기간 동안 저는 목회 도구의 날이 무뎌지지 않도록 하기 위해 커피에 대한 학습을 게을리할 수 없었습니다. 그 결과 현재는 두 개의 바리스타 자격증과 두 개의 로스터 자격증 그리고 독보적인 권위를 가진 미국 CQI[Coffee Quality Institute]의 큐그레이더[커피 품질 평가사] 자격증을 보유하게 되었습니다. 사역의 도구로 선택한 카페의 경쟁력이 더욱 높아진 것입니다.

카페 에클레시아를 설립하고 운영하는 이유에 대해 이웃들은 충분히 인식하였고, 저의 새로운 목회 도전에 박수를 보내며 응원해 주었습니다. 이제는 제가 지향하는 목회의 의미를 알게 되었고 가족처럼 동행해 주고 있습니다. 하지만 제가 추구하는 목회의 궁극적 결과에는 아직 이르지 못했습니다. 제가 섬기는 이웃들이 복음의 진정한 가치를 깨닫고 스스로 그 가치를 자기 삶을 풀어내는 열쇠이자 올바른 동력원으로 받아들이는 과정이 아직 남아 있습니다.

하지만 카페가 바빠질수록 저의 본질적 고민 또한 깊어졌습니다. 카페의 경쟁력이 높아지고 일에 바빠 정작 카페를 통해 이웃을 만나고 소통하며 그들을 섬기는 사역의 본질적 목적과 기능에서 점점 멀어져 가는 건 아닌지 고민이 되었습니다. 개척의 이유와 목적을 이루기 위한 안타까운 마음으로 이 문제를 붙들고 고민하며 기도하기 시작했습니다. 카페 에클레시아가 교회의 사역 도구로서 기능을 바르게 감당할 수 있는 환경으로 변화시켜 주시기를 간절히 소망했습니다. 그리고 마침내 강동구 상일로 12길 54번지에 자리했던 본래의 카페 에클레시아 매장을 정리하기에 이르렀습니다. 비록 비좁고 열악하지만 좀 더 본질에 충실할 수 있는 지금의 자리에서 새로운 출발을 했습니다.

2017년 7월 14일. 여섯 평형의 벽걸이 에어컨과 두 대의 선풍기가 앞뒤에서 돌아가고 있었지만, 그날의 무더위를 이겨 내기에는 역부족이었습니다. 그러나 그 정도의 더위쯤은 얼마든지 이기고도 남을 만큼 감사와 감격이 제 마음을 가득 채웠습니다. 여섯 평의 공간, 그나마도 커피와 관련된 각종 장비들이 차지한 면적을 제외하면 겨우 세 평 남짓한 비좁은 공간에 11명이 빼곡하게 앉아 강의를 들었습니다. 오전 10시부터 두 시간가량 '4차 산업시대의 자녀 교육'이라는 제목으로 열린 작은 세미나였습니다. 내용도 유익했고, 강사의 전달 능력도 탁월했으며, 수강생들의 열정도 뜨거웠습니다. 그리고 무엇보다 카페 공간을 통해 제가 꿈꾸었던 이상을 구체적으로 실현하는 시간이었기에 규모나 환경으로 논할 수 없는 가치를 지닌 매우 의미 있는 시간이었습니다. 지역 주민들과 함께 삶을 나누며 그들의 필요를 채워 주는 공간으로 사용한다는 본래의 목적을 향해 첫 단추를 꿴 날이었기 때문입니다.

결코 쉽지 않았던 경험들을 바탕으로 저처럼 카페와 같은 자영업 형태의 목회 도구로 교회 개척을 꿈꾸는 목회자나 목회 준비생들에게 꼭 전하고 싶은 말이 있습니다. 개척을 시작한 후 지역사회에 뿌리를 내리고 어느 정도 안정되기까지는 기다림의 시간이 필요합니다. 제 경우는 약 2년 정도의 시간이 필요했습니다.

그러나 한편으로 그 기간은 목회자에게 자기 성장과 세상을 배우는 데 매우 요긴한 시간입니다. 따라서 이때를 지혜롭게 잘 활용해야 합니다. 성급하게 숫자의 증가에 목매지 말고, 바빴던 부교역자 시절에 하지 못했던 자기 계발과 목회 토양 다지기의 시간으로 투자해야 합니다. 내면의 실력을 향상시키고 목회 현장의 기초를 잘 다지기 위해서는, 선택한 자영업 형태에 대한 공부와 관련된 기술을 숙지하고 자격증 취득 등을 게을리하지 말아야 합니다. 이렇게 목회 현장을 견고히 다지고 목회를 위해 선택한 도구를 갈고 닦아 두면 개척의 과정에서 필수적으로 겪을 수밖에 없는 흔들림이 최소화될 것입니다. 하나님 나라를 실현하기 위한 교회 개척을 꿈꾸는 목회자라면 누구나 당연히 겪어야 하는 쉽지 않은 과정입니다. 이 시간의 의미를 어떻게 수용하고 활용하느냐가 훗날의 목회 결과를 좌우합니다.

새 부대 만들기

지금의 초등학교가 국민학교이던 시절의 이야기입니다. 학년이 바뀌면 학생들은 학교에서 요구하는 가정환경 조사서를 기록해서 제출하곤 했습니다. 조사 항목에는 오늘날의 초등학생들이 들으면 신기하게 생각할 내용들도 많았는데, 예를 들면 살림살이 중에 텔레비전이 있는지 묻는 항목 같은 것들이었습니다. 조사 내용 중에는 항상 빠지지 않는 필수 항목이 있었는데 다름 아닌 '아버지 직업'을 묻는 질문이었습니다. 저는 그 항목에 '목사'라고 기재할 때 꽤나 자부심을 가졌던 것으로 기억합니다. 지금 우리 집 아이들에게 아버지 직업이 무엇이냐고 누가 묻는다 해도 역시 '목사'라고 답할 것입니다. 이 부분을 좀 더 진지하게 생각해 볼 필요가 있습니다.

목사를 직업으로 이해하며 목회자를 직업인으로 보는 것이 일반적인 세상의 구분이긴 하지만, 목회자는 교회 공동체에서의 직분으로 이해하는 것이 옳다고 판단됩니다. 오늘날 교회 공동체에서 개신교 목사의 기능과 역할은 그 옛날 구약 시대 제사장들의 기능이나 역할과는 사뭇 다르며, 신약 시대 교회 구조에서 그 기능과 역할을 찾아야 마땅하다는 데 이의를 제기할 분은 없을 것입니다. 신약 성경을 근거로 오늘날 목사의 역할을 추정해 보면 교사의 기능을 가진 'minister'라고로 말할 수 있고, 이는 '가르치는 장로'의 역할을 감당하는 교회의 한 직분이라고 보는 것이 가장 타당하다고 생각되기 때문입니다.

그렇다면 초대교회 공동체에서 지금의 목사와 같은 '가르치는 장로'의 직분을 감당했던 자들의 생계 유지 방식을 진지하게 고민하여 오늘의 교회에 적용하면, 건강하고 바람직한 공동체의 모습을 회복하는 데 큰 도움이 될 것입니다.

자비량 목회는 목회자의 생활을 교회 공동체가 아닌, 목회자 스스로가 해결하며 목회하는 방식을 말합니다. 2000년대에 들어서며 한국 교회에서도 거론되기 시작한 자비량 목회에 대한 이야기는 지금도 찬반양론이 계속 대립하고 있습니다. 한국적인 목회 풍토에서는 아직 반대의 목소리가 더 크게 들립니다.

자비량 목회를 부정적으로 보는 분들은 목회자가 세속적인 직업을 겸하면 목회에 대한 소명 의식이 약화되고, 목회의 전문성과 집중력을 떨어뜨리며, 심방이나 교육, 상담 등 평일에 진행되는 사역들에 상당한 지장을 주어 교회 공동체에 부정적인 영향을 끼칠 것이라고 지적합니다.

하지만 이 주장에 동의하기에는 한국 교회가 처한 현실이 너무도 처참합니다. 지금까지 한국 교회 목회자들은 세계 어느 나라와 비교해도 부끄럽지 않을 만큼 심방, 교육, 상담 등으로 대표되는 목회 기능에 충실해 왔다고 자부할 수 있습니다.

하지만 기독교윤리실천운동의 '2017 한국 교회의 사회적 신뢰도 여론 조사'에 의하면, 이 시대의 국민들은 한국 교회를 역사상 가장 깊이 불신하고 있으며, 교인 · 목사 · 교회 활동별 신뢰도에 대해서는 응답자의 50.3퍼센트가 목사를 믿지 않는다고 응답했습니다. 한국 교회가 신뢰를 회복하기 위해 개선해야 할 일 중 비개신교인들이 가장 많이 응답한(26.1퍼센트) 내용은 '불투명한 재정 사용 개선'이었으며, '윤리와 도덕 실천 운동'을 최우선적으로 해야 한다고 답했습니다. 이것은 세상이 다양한 목회적 기능을 수행하는 목회자를 더 이상 신뢰하지 않는다는 의미로 해석할 수 있습니다. 대신 윤리적 삶의 모범이 되는 목회자를 기대한다는 것입니다. 따라서 신뢰받지 못하는 현재의 한국 교회 목회 방식은 더 이상 최선이 아니라는 결론에 이르게 됩니다.

성경에 자비량 목회와 관련된 문제가 어떻게 기록되어 있는지 확인해 보는 것도 중요합니다. 교회가 시작된 초대교회의 예를 보면 베드로나 야고보는 목회에만 집중했던 것으로 보입니다. 하지만 바울과 바나바의 경우는 자신들의 생활비와 목회에 필요한 경비를 스스로 해결하면서 목회와 선교를 했던 것으로 나타납니다. 신약 성경 사도행전 18장 앞부분을 보면 아테네를 떠난 바울이 고린도에 도착

했을 때 아굴라와 브리스길라 부부를 만나는데, 직업이 같았던 그들과 함께 텐트 만드는 일로 생계를 유지하면서 안식일마다 회당에서 복음을 전했습니다. 하지만 바울이 사역 중인 현장 외의 다른 교회들로부터 전혀 재정적 도움을 받지 않았던 것은 아닙니다. 예컨대 빌립보 교회에서 재정적 지원을 받기도 했습니다. 그러나 자신이 사역을 진행하고 있는 목회 현장의 교회에서는 지원을 받지 않았고, 현재 목회의 대상이 아닌 다른 교회로부터 지원은 받았다는 것입니다.

바울의 족적들을 살펴보면서 분명히 짚어야 할 중요한 핵심을 발견하게 됩니다. 바울의 예를 통해 확인되는 것처럼 자비량이냐, 혹은 교회의 지원을 받느냐의 문제는 어느 한 가지만이 성경적이라고 고집할 수는 없다는 것입니다. 둘 중 하나가 옳고 다른 하나는 그르다고 말할 수 없는 문제입니다. 목회 사역을 감당하는 데 있어서 재정을 충당하는 방식은 타협해서는 안 되는 원칙의 문제도 아니고 목회 현장의 상황에 따른 선택 사항이라는 것입니다. 형편에 따라 선택할 문제이지만, 이중 하나를 선택할 때 반드시 확인해야 할 사항이 있습니다. 복음 전파에 장애가 되는지 여부를 확인하는 것입니다.

교회로부터 사례비를 받는 목회 방식과 스스로 생계를 해결하는 자비량 목회 방식, 이 둘 중 오늘, 지금, 이 시대 목회 현장에서 복음이 전파되는 것을 방해하는, 복음 전파에 장애가 되는 방식은 무엇입니까? 지금 불신의 대상이 된 이 땅의 목회자와 교회들이 땅에 떨어진 신뢰를 회복하기 위해 선택해야 하는 목회 방식은 무엇입니까? 다가오는 시대에 교회의 존재 이유와 목적에 좀 더 충실하기 위해서는 과연 어떤 생계 방식을 선택해야 하겠습니까?

저는 바로세움정립교회를 개척하여 담임하는 목회자입니다. 또한 '바리스타'이자 '로스터'이며 '큐그레이더'로서 '카페 에클레시아'라는 상호를 가진 커피 전문점과 커피 제조 가공 업체인 '커피 에클'을 운영하고 있습니다. 저는 제가 선택한 자비량 목회의 틀을 견고히 다지기 위해 커피와 관련된 영역에서의 전문성을 더욱 높이고 있습니다.

제가 안정된 목회지를 사임하고 개척을 결심하며 자비량 목회라는 새로운 도전을 결단한 이유가 있습니다.

첫째는 목회자로서 결핍된 부분을 채워야 할 필요성을 크게 느꼈기 때문입니다. 저는 할아버지와 아버지가 목회자였던 까닭에 목회자 가정이라는 울타리 안에서 성장했고, 학부에서 신학을 전공해 목회자가 되었습니다. 군복무 후 복학하면서부터 교육 전도사로 6년, 전임 전도사로 2년 그리고 1998년 목사 안수를 받은 후 지금까지 부목사와 담임 목사로 줄곧 교회 내에서만 일해 왔습니다. 일반적인 세상의 일을 한 번도 경험해 보지 못한 것입니다. 따라서 목회의 대상인 사람들이 살아가는 세상의 삶을 이해하는 데 한계가 있었음이 분명합니다. '지피지기知彼知己면 백전불태百戰不殆'라는 말이 있습니다. 중국 고대의 병법서인 『손자병법孫子兵法』의 모공편謀攻篇에 나오는 말로 '상대를 알고 나를 알면 백 번을 싸워도 위태롭지 않다'라는 뜻의 고사성어입니다. 교회 개척을 계획하면서 저는 제가 부족한 부분에 대한 준비를 해야 한다고 느꼈습니다. 다시 말해, 복음을 전파해야 할 대상인 세상과 이웃의 삶을 더 깊이 이해하고 더 폭넓게 받아들이기 위해 배울 필요가 있음을 절실히 느꼈습니다. 그래서 제가 좋아하며 어느 정도 지식을 가지고 있는 커피를 소재로 한 카페를 통해 자비량 목회를 시작했습니다. 소통의 공간 겸 생계 지원의 도구를 통해 세상을 읽으려 한 것입니다.

제가 자비량 목회를 계속 추구하는 또 다른 이유는 이제는 많은 지역 교회들이 자비량 목회자를 필요로 하는 상황에 이르렀다고 확신하기 때문입니다. 제가 5년 동안 부목사로 사역했던 지구촌교회는 주일 예배 인원이 3만 명에 이르는 대형 교회였습니다. 따라서 교회가 교인들을 섬기도록 청빙하여 생활을 책임져 주는 전임 목회자가 당시 70명 정도였습니다. 하지만 이렇게 큰 규모를 지닌 채 목회자들에게 안정적인 지원을 해 줄 수 있는 교회는 손에 꼽히는 정도이고 대부분의 지역 교회들의 형편은 상당히 열악합니다. 대부분 작은 규모인 지역 교회들 중에는 목회자들의 생활을 전적으로 책임지지 못하는 교회가 적지 않습니다. 또한 이미 많은 목회자들이 생계를 위해 세속적인 직업을 갖고 있습니다. 이중직 형태의 삶을 살고 있는 것이 오늘의 현실입니다.

제가 자비량 목회를 추구하는 이유가 한 가지 더 있습니다. 우리 교회의 상황을 보며 또 다른 차원에서 자비량 목회가 훨씬 효율적인 목회 방식이 될 것임을 확신하기 때문입니다. 우리 교회에는 '인권앤파트너스'라는 회사를 운영하는 성도가 있습니다. 교회 로고 디자인 등에서 타의 추종을 불허하는 전문가인 그는 저의 오랜 지인이며 동역자입니다. 그는 학부에서 신학을 전공했지만 신학대학원 대신 디자인대학원에 진학해 디지털미디어 디자인Digital Media Design을 전공했고 현재는 그 분야에서 매우 경쟁력 있는 회사의 대표입니다. 그런 그가 자신의 전문성을 살려 우리 교회의 크고 작은 부분을 두루 섬기고 있습니다. 또한 주일에 말씀을 전한 적도 있습니다. 뿐만 아니라 외국에 유학 중인 젊은 학생들을 위한 집회인 '유스코스타'나 혹은 다른 지역 교회의 초청을 받아 메시지를 전하기도 합니다. 디자인 전문가로서의 지식과 그의 개인적 삶의 경험에서 우러나온 진솔한 이야기가 청중에게 적지 않은 신앙적 도전을 줍니다. 이런 상황을 보면서 저는 다른 차원에서 자비량 목회의 필요성을 깨닫습니다. 교회에는 신학이나 목회학을 전공하지 않은 지체들 중에서도 전문인 사역자의 역할을 충분히 감당할 수 있는 분들이 분명히 있습니다. 그런 전문성을 갖춘 평신도들이 동역하는 목회 방식은 효율성이 매우 높습니다. 저는 저를 비롯한 우리 교회 공동체 구성원들이 경험하고 있는 이런 모습이 훨씬 효율적인 미래 목회 방식의 하나로 자리매김할 날을 기대합니다.

현재 25명 내외의 인원이 출석하는 바로세움정립교회는 전체 인원에 비해 목회자 수가 많은 것이 특징 중 하나입니다. 개척을 시작할 때 함께했던 목사님과 전도사님 가정이 각각 새로운 부르심의 자리로 떠난 후, 저와 뜻을 같이하겠다고 찾아와 함께 사역하고 있는 목회자가 현재 부목사님 세 분과 전도사님 한 분입니다. 자원하는 동역자가 생긴다는 것은 더할 나위 없이 기쁘고 감격스러운 일이지만, 교회의 규모가 작기 때문에 목회자들의 생계를 책임지는 것이 현실적으로 불가능하다는 건 큰 고민일 수밖에 없습니다. 계획에는 없었는데, 목회자가 늘어나는 형편에 놓이게 되자 동역자들의 생계 문제를 해결할 수 있는 방법을 찾아야 했습니다. 지역사회 이웃들과의 소통을 목적으로 하는 카페 에클레시아의 수익만으로는 동역하는 목회자들의 생계 지원이 어림없었기 때문입니다.

그래서 좀 더 수익을 낼 수 있는 도구를 찾는 고민이 시작되었습니다. 그리하여 카페 에클레시아 공간의 일부를 나누어 '커피 에클'을 설립하게 되었습니다. '커피 에클'은 커피 생두를 가공해 원두로 만드는 커피 제조 가공업체로, 서울 강동구에서는 제일 작은 규모인 것으로 알고 있습니다. '에클'이란 이름은 단골손님들이 우리 카페 이름인 '에클레시아'를 줄여서 애칭처럼 사용하는 것을 듣고 붙였습니다.

'에클'은 동역하는 목회자들의 생활비를 마련하기 위해 설립된 비즈니스 도구입니다. 정글과 같은 커피 시장에서 아직은 생존을 위한 몸부림 단계에 있는 실정이라 우리 교회의 목회자들은 다른 생계 수단을 병행하고 있습니다. 하지만 규모는 작아도 고품질의 커피를 생산하는 업체로 조금씩 알려지기 시작하면서 교회 등에서 선물용으로 드립백 제품을 구매하는 일이 점점 늘어나고 있습니다.

저는 한국 교회 목회자 생계 지원 방식을 건강하게 변화시키는데 '커피 에클'이 나름의 역할을 감당하기를 꿈꿉니다. '커피 에클'이 자비량 목회에 도전하는 목회자들의 실제 삶을 지원하는 일터가 되는 꿈이 이루어질 때까지 멈추지 않고 노력할 것입니다.

이와 더불어 한국 교회 목회자들을 위한 실용적인 교육의 장이 필요함을 절실히 느끼며 제가 할 수 있는 일들을 고민하고 있습니다. 지금까지 목회자 후보생들은 신학교의 학부나 신학대학원 과정을 통해서 다양한 신학 관련 과목들을 배워 왔습니다. 물론 학문적인Academic 공부입니다.

하지만 제가 교회를 개척해 목회를 한 경험에 따르면, 신학교에서 배운 학문적인 교육은 실제 목회에 도움을 주는 데 분명한 한계가 있습니다. 급변하는 세상 속에서 생존하며 교회의 뿌리를 내리기 위해서는 신학이라는 한정된 영역을 넘어서는, 좀 더 다양하고 폭넓은 교육과 훈련이 꼭 필요합니다. 특히 자영업 등의 자비량 목회 형태로 개척에 도전하는 목회의 관건은 생계를 유지할 수 있을 만큼 수익을 얻어야 한다는 것입니다. 하지만 대부분의 목회 준비생이나 목회자들이 지금까지 배웠던 학문과 경험으로는, 이 문제를 해결하기가 매우 어렵습니다. 일반인들과의 생업 경쟁에서 우위를 차지하기가 쉽지 않다는 것입니다.

이제는 카페 에클레시아의 경우, 단골손님도 많이 생겨 어느 정도 안정된 형편에 이르렀지만 처음 2년간은 많은 어려움을 겪었습니다. 월세에 여러 가지 재료비나 다른 필수 경비를 해결하지 못해 고민하고 걱정한 때가 정말 많았습니다. 자비량 목회에 도전하는 사람들은 반드시 실제적인practical 경험을 통해 배우고 먼저 준비해야 한다는 사실을 뼈저리게 느꼈습니다. 각 교단의 지도자들과 신학교가 이 문제를 함께 고민하고 대안을 마련할 수 있다면, 한국 교회의 미래에 큰 도움이 될 거라 확신합니다.

다섯 번째 고백

고백 에클레시아

"카페 에클레시아는 내가 돈을 지불하고 커피를 마시면서도
오히려 '감사합니다'라고 말하게 하는 이상한 곳입니다.
단순히 카페의 이미지를 위해 질 좋은 커피를 제공하는 것이 아니라
나에 대한 존중을 담아 커피를 제공합니다.
'카페 에클레시아'는 커피 맛은 물론이거니와 나를 존중해 주는 곳입니다."
– 단톡방 에클레시아 멤버 박하나

"유모차에 태워져 엄마와 함께 매일 카페 에클레시아로
출근했던 용윤이가 내년이면 초등학교에 입학합니다.
이곳에서 아이들이 성장한 것만큼
매일 에클레시아로 모이는 엄마들도 성장했고,
그곳을 지키는 목사님과 사모님도 성장했습니다.
카페 에클레시아는 그곳을 사랑하는 모든 이들이 성장하는 곳입니다."
– 단톡방 에클레시아 멤버 정선하

세월호 사고 당일인 4월 16일이 생일이었으며 세월호 참사로 목숨을 잃은 단원고 2학년 3반 담임 고 김초원 선생님의 아버지는 자기 딸이 담임했던 2학년 3반 학생들의 빈소 15곳을 일일이 찾아다니며 울면서 말했습니다. "딸이 제자들을 잘 보살펴 모두 부모 품으로 돌아오게 했어야 하는데 그렇게 하지 못해 죄송합니다." 학생 부모들은 오히려 그분을 위로했습니다. "선생님이 무슨 잘못이 있다고 사과를 하세요. 경황이 없어 선생님 빈소를 찾아뵙지 못해 오히려 저희가 죄송합니다."

마른 뼈 무더기 같은 한국 교회

우리의 마음을 너무도 아프게 했던 2014년 4월의 충격적인 세월호 참사는 불가항력적인 천재지변의 결과가 아니라 부끄러워해야 하는 사람들이 함께 저지른 인재였다고 말하는 것이 정직한 고백입니다. 당시 교회를 개척하고 카페를 통해 이웃 지역과 교회의 소통에 집중하고 있었던 저는 세월호 참사로 숨진 아이들의 사진과 저의 두 자녀 얼굴이 자꾸 겹쳐져 한동안 말로 표현할 수 없을 만큼 많이 힘들었습니다. 사고를 막지 못한 것에서부터 사고 후의 대처까지 어느 것 하나 제대로 되는 것이 없던 당시 상황을 보며, 인간에 대한 실망과 분노를 넘어 해결되지 않는 불신과 배신감으로 많이 힘들었습니다. 그런 저에게 더 큰 실망과 분노를 안겨 준 것은 다름 아닌 세월호 참사에 대한 한국 교회의 태도였습니다.

당시 어느 대형 교회의 유명한 목사님은 '신정론'에 대한 신학적 이해가 전혀 없이 사고의 책임을 하나님께 돌리는 경악스러운 설교를 했습니다. "나라를 침몰시키는 대신 꽃다운 애들을 침몰시키시면서 국민들에게 기회를 준 사건"이라고 세월호 참사를 규명한 것입니다.

그 뒤 세월호 참사 1주기 신학 토론회에서 장로회신학대학교의 김은혜 교수는 이런 한국 교회를 고발했습니다.

"한국 교회는 세월호 참사에 대해 '국가를 분열시킨다', '갈등을 조장한다', '정치적으로 이용한다'는 식으로 반응했다. 마치 생명의 종교이기를 포기한 듯하다."

김은혜 교수는 세월호 참사를 대하는 교회의 태도를 비판했는데, 그즈음 유가족 한 명이 기독교 언론과 인터뷰하면서 밝힌 충격적인 내용은, 이런 한국 교회의 태도에 따르는 자명한 결과였습니다. 세월호 유가족 중 76명의 부모가 기독교인이었는데 이중 80퍼센트가 다니던 교회를 떠났다는 이야기였습니다. 저는 세월호 참사와 그 고통스런 사건을 대하는 한국 교회의 부끄러운 모습을 보며 그동안 가졌던 일말의 기대가 완전히 무너지는 절망감을 느꼈습니다.

목회자인 제 자신에 대한 자괴감에 깊이 탄식하는 중에 구약 성경 에스겔서 37장에 나오는 마른 뼈로 가득했던 골짜기의 환상을 떠올리게 되었습니다. '아! 어쩌다가 이 나라의 기독교가, 이 땅의 교회가 이 지경에 이르렀는가? 우리의 믿음의 선조들은 이러지 않았었는데…….'

이런 고민을 매일 거듭하며 저는 마른 뼈 무더기 같은 소망 없고 죽어 버린 한국 교회가 과연 살아날 길이 있는지, 회복의 가능성이 있는지를 절망 속에서 찾기 시작했습니다.

세계의 기독교 선교 역사 중 매우 의미 있었던 행사를 꼽는다면 1910년 6월 14일부터 23일까지 스코틀랜드의 에딘버러 시에서 열린 세계선교사대회라고 할 수 있습니다. 세계 복음화의 실제적 방향과 전략을 점검하는 국제 규모의 선교 대회였던 이 역사적인 현장에는 한국 대표로 15명이 참석했습니다. 그중 한국에 선교사로 온 지 20년이 되었던 마포삼열馬布三悅 목사의 선교 보고에 1,200명의 대의원들의 관심이 집중되었습니다.

마포삼열이란 이름으로 불렸던 새뮤얼 오스틴 모펫Samuel Austin Moffet 목사는 1890년 1월에 제물포를 거쳐 마포 강변을 통해 조선 땅을 밟은 미국 북장로회가 파송한 선교사였습니다. 평양을 선교의 근거지로 삼은 그는 1901년 자신의 집 사랑방에서 이 땅 최초의 신학교인 '장로회신학교'를 설립해 목회자 양성에 나섰습니다. 그는 '평양대부흥운동'의 발원지였던 장대현교회를 설립했으며, 숭실중학교와 숭실전문학교의 설립에 관여하거나 교장으로 섬기기도 했습니다. 그는 교계와 사회 안팎에서 한국의 미래 지도자를 키우는 일에 헌신했던 분입니다. 1912년 '105인 사건'으로 한국의 애국지사들이 투옥되자, 당시의 조선 총독 데라우치 마사타케[寺內正毅]에게 항의하고 미국의 장로회 본부에 일제의 만행을 보고함으로써 국제 여론을 환기시키기 위해 힘쓰기도 했습니다. 1919년 8대 장로교 총회장을 맡기도 했던 그는 1936년 일본의 신사참배 강요를 거부하다 가방 두 개만 들고 쫓기듯 미국으로 떠난 후 이 땅을 그리워하다가 1939년에 미국에서 별세했습니다. 미국 캘리포니아 주 샌타바버라 시 카펜테리아 공동묘지에 묻혀 있던 마포삼열 목사의 유해는 "죽거든 한국에 묻어 달라"던 그분의 유언대로 지난 2006년에 한국으로 이장되었습니다. 현재 그는 장로회신학대학교 교정에 잠들어 있습니다.

1910년 세계선교사대회가 진행되던 6월 17일 마포삼열 목사는 '복음화 사역에서 현지 교회가 차지하는 위치'라는 제목으로 당시 조선의 선교 상황을 보고했습니다. 그 내용을 정리하면 이렇습니다.

> 조선은 비기독교 국가 가운데서 복음화되는 첫째가는 국가가 될 가능성이 있다. 일본이나 중국 같은 통상 대국이 되리라고 기대하지는 않지만 하나의 기독교 국가, 하나의 영적 강대국이 될 것이다. 어느 지역을 완전히 복음화하는 일은 선교사가 아니라 복음을 전하는 현지인 목사, 복음 전도자, 기독교 사역자와 교사가 있는 현지인 교회에 의해서만 효과적으로 이루어질 수 있다. 다른 어떤 곳보다 조선에서 그런 교회를 찾아볼 수 있다.

그는 한국 교회의 성장 요인을 세 가지로 설명했습니다. 당시 조선은 개신교 선교사들이 겨우 25년 동안 사역한 나라임에도 불구하고 '무엇보다 성경을 사랑하고 말씀을 배우는 교회이며', '자기들의 교회와 소학교를 모두 자력으로 지으려는 열심을 가진 자립하는 교회이고', '부름받고 잘 훈련받은 교회의 지도자들을 통해 영적 강대국이 될 것이라'고 전망했습니다. 그는 특히 지도자를 양성하기 위해 외국의 돈이 투자되지 않는 나라가 바로 조선이라고 보고했습니다. 조선인들은 선교사들에게 "우리에게 영적인 부담이 되기는 했지만, 초기에 더 많은 돈을 달라는 우리의 요구에 여러분이 반응을 보이지 않은 것에 감사하다"고 고마움을 표시하였다면서 자립 선교 의지를 매우 높이 평가했습니다.

이후 이 땅은 역사적으로 수많은 굴곡을 겪었음에도 불구하고 마포삼열 목사의 전망은 실현된 것으로 볼 수 있습니다. 식민 통치를 경험했던 일제강점기에 민족의 역사가 단절되고 백성의 생존권을 빼앗기는 시련을 겪어야만 했고, 민족 사변의 소용돌이 속에서는 머물 곳과 먹을 것을 찾아 길게 피난 행렬이 이어지기도 했습니다. 전쟁으로 피폐해진 땅에서 구제품에 의존해야 했던 시절도 있었습니다. 하지만 배고픔과 눈물, 질병과 죽음, 침략과 수탈이라는 비극의 시간들을 지나는 동안 켜켜이 다져 온 고난의 영성으로 한국 교회는 오늘 이 시간까지 숨을 쉬고 있습니다. 그리고 그 과정에서 훌륭한 인격과 신앙의 모범을 보인 선배 목회자들이 교회의 리더로 역할과 책임을 다하였습니다.

앞서 밝혔던 것처럼 제가 목회자의 꿈을 갖게 된 가장 큰 계기는 평생을 목회자로 헌신하셨던 저의 할아버지 때문이었습니다. 어린 시절 제 눈에는 할아버지가 정말 존경스러운 교회 지도자처럼 보였습니다. 강단에 서서 불을 토하듯 복음을 전하며 두 손을 높이 들고 축도하는 그 모습, 두루마기를 입고 하얀 고무신을 신은 채 교인들을 맞이하는 모습을 보며, 저 역시 장래에 목사가 되어야겠다고 결심했습니다. 제 할아버지뿐만 아니라 그 시절의 목사님들은 대부분 세속적 가치를 누리고자 하지 않았고, 누릴 수 있는 형편도 아니었습니다. 입을 옷과 먹을 양식이 부족함에도 불구하고 교회를 개척해 복음을 전하며 이웃을 섬기는 일에 성심을 다하였습니다. 하지만 2000년 밀레니엄 시대에 들어선 이후 한국 교회는 급격히 우리 사회에 여러 가지 형태의 부끄러운 모습들을 드러내고 말았습니다.

신학교에서 저의 할아버지께 구원론을 배우고 졸업한 뒤 교회를 개척해 세계 최대 규모의 교회를 일구어 한국 교회의 상징적 인물이 되었던 목회자가 엄청난 금액의 배임 및 탈세 혐의를 받다가 결국 유죄 확정 판결을 받기도 했습니다. 수천억의 돈을 들여 교회 건물을 건축한 목회자가 박사 학위 논문 표절 사건으로 세상의 주목을 받는 일도 있었습니다. 설교를 통해 이 땅의 수많은 젊은 그리스도인들에게 영향력을 행사하며 출판하는 책마다 베스트셀러가 되어 한국 교회 차세대 리더로 꼽혔던 목회자가 10년에 걸쳐 교회의 사무실에서 여자 교인들을 성희롱하고 성추행한 사실이 드러나기도 했습니다. 그럼에도 불구하고 예수의 이름을 들먹이며 자신의 부끄러운 행위를 합리화하면서 끝까지 자기 길을 가겠다고 표명합니다.

이런 후안무치厚顔無恥한 모습은 교회의 규모나 지역 등과 상관없이 이 땅의 곳곳에서 일어나고 있습니다. 인천의 한 개척 교회 목회자는 시가 3,000만 원어치의 자전거 30대와 자전거 안장 58개를 훔

쳐 창고에 쌓아 두었다가 발각되기도 했습니다. 목회자인 줄 모르고 조사하던 경찰은 사람들이 그에게 '목사님'이라고 부르는 것을 보고 서야 목회자라는 걸 알았다고 합니다. 보이스피싱 조직원으로 활동하다가 사기혐의로 구속된 목회자도 있습니다. 70명 정도가 출석하는 교회의 담임 목사가 중국의 보이스피싱 조직과 연계해 인출 금액의 1퍼센트를 받기로 하고 두 명으로부터 8,700만 원을 빼앗아 낸 사건입니다. 자신을 검찰 관계자로 속인 채 허위로 개설한 검찰청 사이트에 금융 정보를 입력하고 자신의 통장에 입금하게 하는 수법을 사용했다고 합니다.

이처럼 언론 등을 통해 알려진 사건 사고들뿐만이 아닙니다. 크고 작은 교회들에서 우리에게 알려지지 않은 크고 작은 문제들은 거의 반복적으로 일어나고 있습니다. 교회의 제도나 조직의 허술한 부분을 이용한 재정적 사고가 얼마나 많은지 모릅니다. 판공비와 같은 성격의 돈을 목회 활동비라는 명목으로 좋은 것을 먹고 누리는 데 사용하기도 하며, 교회의 행사 등에 꼭 필요하지 않은 항목들을 추가해 유용하기도 합니다. 담임 목사로서의 권력을 남용하거나, 선배의 입장이나 영향력 있는 직위를 이용해 부교역자나 후배 교역자의 인권을 유린하고 착취하는 일들이 비일비재합니다. 이런 말씀을 드리는 저 또한 이런 지적과 무관하다고 말할 수 없는 시간들이 있었음을 고백합니다.

저의 할아버지는 회색 두루마기와 흰색 고무신이 잘 어울리는 분이었습니다. 제가 초등학교 2학년 때 할아버지는 충청북도 청원군에서 아홉 번째 교회를 개척하셨습니다. 그때 할아버지는 시멘트와 모래를 구입해 손수 시멘트 블록을 만들어 예배당을 지으셨고, 나무를 자르고 깎아 강대상을 만드셨습니다. 밥을 미리 덜어 내지 않고 남기면 꾸지람을 당했습니다. 성도들이 어렵게 가져온 성미로 지은 밥인데 소중함을 모른다는 이유였습니다. 나무를 잘라 강대상과 의자 등을 만드시는 할아버지께 어떻게 이렇게 이런 일들을 잘하냐고 여쭈어 보았습니다. 할아버지는 예수님이 공생애를 시작하시기 전 직업이 무엇이었냐고 되물으시며, 자신은 모든 면에서 예수님을 닮아가려 노력한다고 대답하셨습니다. 그렇게 일평생을 헌신하고 아무런 재산도 남기지 않고 떠나가신 할아버지의 후손이건만 세속에 물든 사고와 편의를 추구하는 삶에 대한 유혹을 떨치지 못하고 물들어 버렸던 시간이 많이 부끄럽고 송구할 뿐입니다.

본질상 하나님의 진노를 받아 마땅한 죄인인 우리는 목회자라는 타이틀을 존경과 보호를 받기 위해 교묘히 이용하고 합리화할 때가 많습니다. 심지어 죄와 타협하는 경우가 참 많습니다.

죄의 유혹에 빠질 수 있는 환경과 상황들을 사전에 배제시키고 차단해야만 합니다. 인간의 의지는 너무나 약하고 노력의 깊이는 한없이 얕기 때문입니다.

저는 카페 에클레시아에서 판매되는 원재료나 부재료들을 대부분 가격이 가장 비싼 제품들로 선택합니다. 비싸다고 해서 꼭 좋은 것만은 아니지만, 5년 정도 카페를 운영하면서 알게 된 보편적인 사실이 있습니다. 대개 재료들은 그 값어치만큼의 품질을 지닌다는 것입니다. 예를 들면 각종 커피 메뉴들을 만드는 데 가장 많이 사용되는 우유의 경우 저희 카페 에클레시아는 제일 비싼 브랜드의 최고 등급 제품을 씁니다. 간혹 같은 품질을 지닌 것이라며 훨씬 싼 가격에 공급해 줄 테니 써 보라는 제안을 받기도 합니다. 하지만 시음해 보면 미세하더라도 가격의 차이에 비례하는 제품의 차이가 느껴집니다. 제 입에 느껴지는 차이를 알면서 이윤을 위해 타협할 수는 없는 노릇입니다. 이는 자영업자로서의 양심의 문제에 앞서 카페를 도구로 선택한 목회의 본질을 오염시킬 수 있는 문제이기도 했기 때문입니다.

그런데 목회자가 아닌 기독교인으로 작은 자영업체가 아닌 제법 규모가 있는 사업체를 운영하다 보면 아무래도 죄와 타협하는 경우가 많아지는 것 같습니다. 비난받는 목회자들 못지않게 이 땅의 이름난 기업 총수들이나 모범을 보여야 할 정치인들을 비롯한 사회 지도층 중에도 그리스도인들이 꽤 많습니다. 그리고 그중 세상에 손가락질을 받는 많은 분들이 교회의 중직자라는 사실은 매우 부끄러운 현실입니다. 본이 되기는커녕 하나님의 이름에 먹칠하는 삶을 참으로 꿋꿋하게 살아가는 모습에 혀를 내두를 때가 많습니다.

이 땅에 발 디디고 살아가는 모든 그리스도인들이 세상의 그 무엇과도 비교할 수 없는 귀중한 구원의 선물을 받았음을 명확히 인식하고 있다면, 우리는 최상의 가치를 추구하는 그리스도인답게 살려고 노력해야 마땅합니다. 그런데 최고의 것을 가졌음에도 불구하고 세상의 이웃들에게는 저렴하고 무가치한 것을 제공해 자기 이익을 챙기려는 행동을 해서 언론과 방송에 오르내리는 분들이 참 많습니다. 죄성의 이기적 판단 때문에 저지른 결과들로 오늘 이 땅의 교회 전체를 욕보이며 멍들게 하고 비난받게 만드는 뉴스들이 오늘도 변함없이 우리 귀에 들려옵니다.

이런 일상적인 문제들을 비롯한 사건과 사고들로 얼룩진 오늘날의 한국 교회는 130년의 역사를 끝으로, 벼랑 앞에 선 것 같은 절망적 위기감을 느끼고 있습니다. 의식이 있는 많은 그리스도인들은 이 지경에 이른 한국 교회의 현실에 고개를 들지 못하고 있습니다. 그야말로 한국 교회는 에스겔의 환상 속 골짜기에 흩어져 있던, 더 이상 생명력이라고는 찾아볼 수 없는 마른 뼈 무더기 같습니다. 탱탱함을 유지하는 힘줄과 같은 복음의 능력은 사라져 버렸습니다. 탄력 있는 살과 같은 교회 조직의 건강함도 없습니다. 거칠고 굴곡진 사회의 문제들을 덮어 주던 윤기 나는 피부와 같은 공동체의 모습이 보이질 않습니다. 영성이 살아 있는, 성령의 기운이 충만한 한국 교회의 모습을 이제는 보기가 어렵습니다. 급격히 하락하고 있는 한국 사회의 신뢰와 이를 반영한 여론의 질타, 기독교를 불편하게 생각했던 각종 단체들의 비난 등, 교회와 목회자들을 향해 끊임없이 쏟아지는 화살들은 교회의 회복이 불가능한 상태라고 확인시켜 주는 적신호 같습니다. 그야말로 마른 뼈 가득한 골짜기, 회칠한 무덤 같은 모습입니다.

왜 마른 뼈 무더기가 되어 버렸을까

그렇다면 한국 교회는 어쩌다가 오늘날 같은 지경에 이르게 되었을까요? 도대체 왜 펼칠 날개조차 없이 벼랑 끝에 선 것 같은 절망스런 현실을 맞이하게 되었을까요? 앞서 2장에서 한국 교회의 뿌리 깊은 세 가지 위협 요소인 '잘못된 목회자의 정체성 이해'와 '샤머니즘' 그리고 '이원론'에 대해 나누었습니다. 이제 좀 더 구체적으로 한국 교회의 미래를 절망스럽게 보게 만든 위기 요인들을 생각해 보고자 합니다. 그런데 이에 앞서 먼저 선행되어야 할 것이 있습니다. 한국 교회의 위기를 초래한 본질적 요인에 대한 오해를 바로잡는 것입니다.

오늘날의 교회 위기를 이야기할 때 교회학교 인원의 감소를 중요한 요인으로 보는 시각이 있습니다. 오늘의 교회학교 인원의 감소가, 다음 세대 한국 교회 교인의 숫자에 영향을 미칠 것이라는 판단입니다. 오늘의 기성세대 교인의 숫자는, 사실 풍성했던 과거의 교회학교 출신 사람들이 자라난 자연스러운 결과라는 것입니다. 그런데 지금은 교회학교에 다니는 인원 자체가 줄어들어 미래의 기독교인 숫자가 줄어들 수밖에 없습니다. 그 점이 위협적 요소이며 우려가 된다는 것입니다.

하지만 단순히 인원 감소가 한국 교회에 찾아온 현재의 위기 상황을 초래했다고 말할 수는 없습니다. 즉 인원 감소는 '가나안 교인'의 증가에 따른 기독교인 감소나 기독교에 대한 한국 사회의 신뢰도 하락 등에 직접적인 영향을 미친 원인과는 별개의 문제라는 것입니다. 이 문제는 지금 이 시대의 한국 교회의 위기 요인에 해당한다고 볼 수 없습니다.

교인 수의 감소를 위기로 인식하고 교인을 늘리는 것이 이 문제의 해결 방법이자 부흥이라고 이해하는 것 자체가 문제를 잘못 인식하고 있다는 증거입니다. 이런 시각은 교회의 핵심적인 가치를 외형적 성장으로 보는 잘못된 교회론에서 비롯되었다는 점을 명확히 알아야 합니다. 과거 교회학교가 부흥했던 시기에 확보된 오늘의 기성세대를 교인으로 삼은 한국 교회가 수적인 증가를 이룬 것은 맞습니다. 하지만 외형적 풍요에 그치고, 내용적으로는 진정한 '성숙'이라는 부흥을 놓친 결과를 초래했습니다. 알맹이 없는 껍데기들만 증가했다는 말입니다.

교회에서의 교육은 구원의 내용을 담은 복음을 마음과 의식에 새기는 것이며 그리스도의 몸인 교회의 본질적 정체성을 심는 작업이어야 합니다. 하지만 오늘의 기성세대를 길러낸 과거의 교회학교 교육은 세상의 교육과 같은 모양새를 가지고, 종교로서의 기독교와 성경에 관련된 지식을 전달하는 학문적 교육에 치우쳤습니다. 다른 종교와 비교해 기독교의 우위성을 강조하였고, 성경 목록이나 열두 제자들의 이름을 외우게 했으며, 출석, 헌금, 전도를 항목별로 점수로 매겨 상을 주는 등의 성과 위주의 특징을 지녔습니다. 과거의 이런 교회학교 교육은 지금의 기성세대 교인들의 신앙 행태를 만들어 왔습니다. 진정한 기독교의 가치를 추구하지 못하게 방해하고 생명력 없는 기독교인이 되게 하는 데 일조한 것입니다. 우리가 말하고 있는 한국 교회의 위기는 다음 세대에 올 것으로 예견되는 일이 아닌, 오늘도 일어나고 있는 현재의 문제입니다. 따라서 지금이 심각한 위기 상황임을 인식해야 하며, 이 위기가 무엇으로부터 기인했는지 원인을 규명해 근원적 해결책을 찾는 것이 시급한 과제입니다.

1. 본질을 잃어버린 '에클레시아'

그렇다면 지금 우리가 명확히 깨달아야 할 한국 교회의 진정한 위기는 무엇입니까? 예수님이 이 땅에 오셔서 설립하신 '에클레시아'의 본질을 놓친 것입니다. 교회의 존재 이유와 목적을 상실하고 잘못된 목표와 가치를 추구해 온 까닭에 지금의 문제점들이 드러나고 있습니다. 어떤 분들은 교회를 대형화해서 세속적 기준의 성공을 거둔 목사님들에게 이 문제에 대한 책임을 묻기도 합니다.

틀린 진단은 아닙니다만, 제 경험에 따르면 대형화된 교회는 세속화의 책임이 크고, 작은 교회는 무조건 건강하다고 말하는 것은 옳지 않습니다. 교회가 본질을 상실한 증거들은 교회의 규모와 상관없이 나타나고 있기 때문입니다. 대형 교회의 담임 목사인지, 개척 교회의 목회자인지는 상관이 없습니다. 위기에 대한 책임은 성직자라고 불리는 목회자와 평신도라 불리는 일반 그리스도인을 구별하지도 않습니다.

교회를 위기에 처하게 만든 본질 상실의 문제점은 우리나라에 존재하는 지역 교회들의 모든 영역에서 고르게 확인됩니다. 앞서 4장에서 언급했듯이 한국에는 두 가지 형태의 교회만이 존재한다는 이야기가 있습니다. 이미 대형화를 이룬 교회와 대형화를 꿈꾸는 교회입니다. 이 말 속에 담겨진 의미를 풀어내 보면, 저를 포함한 이 땅 대부분의 목회자들은 성장의 의미를 잘못 해석한 신학을 공부한 까닭에, 같은 오해와 같은 지향점을 가질 수밖에 없습니다. 그래서 목회자의 능력을 평가하는 기준도 교회 규모를 키웠는지, 그렇지 못했는지로 구분하는 바람직하지 못한 시각을 갖게 된 것입니다. 교인의 숫자가 늘어나고 건물 규모가 커지고 예산이 증가하는 교회를 바람직하고 긍정적인 목회의 결과라고 생각하고, 그 교회의 목회자를 유능하다고 평가하게 된 것도 그 때문입니다.

저는 규모가 큰 교회들에서 부교역자 경험을 했습니다. 제가 사역했던 교회들이 이름난 큰 교회들이라는 사실에 꽤나 자부심을 가졌습니다. 담임 목사가 교계의 지도자 위치에 있는 분이라는 사실을 비롯해, 앞선 목회 프로그램들이 있고, 각종 편의 시설과 장비 등으로 무장된 하드웨어를 보유한 메가 처치는 부교역자의 마음에 바람이 들게 하기에 충분한 조건이었습니다. 지금 돌이켜 보면 부끄럽기 그지없지만, 세상적인 상황에 비유하자면 마치 유명한 대기업 임원으로 스카우트된 것 같은 우쭐한 마음이었습니다. 보편적인 지역 교회와는 차별된 대형 교회의 조직 구조에 따르는 보직과 나름의 직위가 있었고, 거기에 따르는 영향력을 행사할 수 있었습니다. 동료나 선후배 목회자들이 저를 이전과는 다르게 대하는 태도들을 보면서 자부심을 넘어서 교만한 마음이 들었습니다. 소위 출세의 지름길에 들어선 것 같았습니다. 세속적 성공의 가치 판단은 곧 모든 목회 사역에도 크고 작은 영향을 미치는 부정적 요인이 되었습니다.

물론, 대형 교회에서 책임 있는 자리를 맡아 목회를 경험하며 많은 목회 자산을 쌓은 긍정적인 결과도 있습니다. 하지만 견고한 신앙의 내공을 지니지 못한 채 그런 목회의 자리에 오래 머물러 있는 것은, 얻는 것보다 잃는 것이 많다는 점을 꼭 이야기하고 싶습니다. 교회는 세속적 가치를 추구하는 세상의 이익 집단이 아니며, 목회는 세속적 성공을 목표로 하는 직업이 아님을 기억해야 합니다.

좋은 환경 속에서 자기 유익을 기대하기보다는 지금 주신 환경에서 하나님의 이름을 위하여, 교회 공동체를 위하여 무엇을 어떻게 하는 것이 옳은지를 고민하는 것이 바람직합니다. 자신이 지향志向하는 목회자로서의 삶에 앞서 하나님의 나라를 위해 존재하는 목회자답게 오늘 내가 무엇을 지양止揚할 것인지를 고민하는 목회자에게 하나님이 자기 일을 부탁하실 것이라고 믿습니다.

대형 교회에서 부교역자로 섬기고, 이후에 역사와 전통에 고착된 지역 교회에서 담임 목회를 하는 동안 얻은 결실들은 제 목회의 방향을 완전히 바꾸어 놓았습니다. 그 경험들을 통해 하나님은 한국 교회의 문제점들을 보지 못했던 저를 자각하게 만드셨습니다. 때마침 일부 대형 교회 목회자들이 각종 치부를 드러내며 사회의 지탄을 받는 상황들이 더 많아지면서, 바람직한 교회 공동체 회복에 대한 저의 고민은 더욱 깊어졌습니다. 3대째 목회를 하는 집안 환경 때문에 나름 교회를 잘 알고 있었다고 생각했고, 대형 교회들을 거치는 동안 목회에 관해 충분히 배웠다고 자부했었습니다.

그런데 안정된 울타리일 수 있는 담임 목회 자리를 벗어나서 세상과 직접 부딪히게 되자, 마침내 착각에서 눈을 떴습니다. 한국 교회는 더 이상 미룰 수 없는 새로운 패러다임의 목회가 필요한 현장이라는 걸 절실히 깨달았습니다. 이를 통해 건강한 교회 개척을 계획하고 도전하게 된 것입니다. 그리고 이런 본질 회복을 꿈꾸는 목회를 실행하며 학습하는 동안, 교회론에 대해 상당 부분을 잘못 이해하고 있음을 깊이 깨달았습니다.

그렇다면 저를 포함한 오늘의 한국 교회 목회자들이 교회론을 오해하고, 교회의 본질을 잘못 인식하게 만든 근본 뿌리는 무엇인지 주목해 살펴보아야 합니다.

2. 맘몬에 빼앗긴 교회의 본질

130여 년 전 복음을 가지고 우리나라에 들어온 최초의 개신교 선교사들은 미국 교회로부터 파송된 분들이었습니다. 따라서 미국 교회에 직접적인 영향을 받은 이 땅의 교회는 미국의 교회와 그 흐름을 같이해 왔으며 여러모로 닮아 있습니다. 그런 까닭에 미국 교회의 자본주의적 사고가 한국 교회의 의식 구조에도 많은 영향을 주었습니다. 교회 안에서도 경쟁이 자연스럽게 유도되는 시장 경제적인 틀이 형성되었습니다. 이런 시스템은 교회나 교단 서로 간에 경쟁을 부추겼고, 연합보다는 개교단과 개교회의 입장이나 이익을 우선시하게 했습니다. 또한 훨씬 큰 영향력을 행사할 수 있는 대형 교회를 추구하게 만드는 요인으로 작용했습니다. 교회들은 규모가 큰 교회일수록 큰일들을 감당해 낼 수 있다는 논리로 세속적 욕망에 정당성을 부여했습니다. 그리고 이런 욕망을 거슬러 올라가면 그 뿌리에는 역사와 전통을 자랑하는 '맘몬'이라는 견고한 악이 자리 잡고 있음을 확인하게 됩니다.

'맘몬'은 '마모나'μαμωνα라는 아람어에서 유래한 용어로 신약 성경에 '재물'이란 말로 기록되어 있습니다. 예로 산상수훈 중 한 부분인 마태복음 6장 24절을 들 수 있습니다. "한 사람이 두 주인을 섬기지 못할 것이니 혹 이를 미워하고 저를 사랑하거나 혹 이를 중히 여기고 저를 경히 여김이라 너희가 하나님과 재물을 겸하여 섬기지 못하느니라." 이 구절에 기록된 '재물'이 바로 '맘몬'μαμωνα입니다. 부정적 의미로 사용되었음을 알 수 있습니다. 그리고 여기서 좀 더 주의 깊게 살펴보아야 할 것은 예수님은 맘몬을 생명을 가진 존재처럼 인격화하셨고, 더 나아가 하나님과 대립하는 신적인 영향력을 지닌 존재로 간주하셨다는 사실입니다.

맘몬을 중세 시대에는 악마로 이해했습니다. 본래 '위탁한다'는 뜻을 가진 맘몬은 부, 돈, 재산, 소유, 재물, 물질을 절대적으로 의존하여 그것에 최고의 가치와 의미를 부여하는 맘모니즘mammonism을 탄생시켰습니다. 문제는 물신物神을 숭배하는 물질 만능주의를 나타내는 용어로 쓰이게 된 맘모니즘이 지금까지 모든 시대에 걸쳐 악한 영향력을 행사하고 있다는 것입니다. 중세 시대에 교회를 타락시켜 종교개혁을 유발했던 것처럼, 오늘날 한국 교회는 특별히 어디라고 할 것 없이 거의 모두가 맘모니즘에 빠져들었습니다. 이것은 결국 바짝 마른 뼈들을 모아 둔 것 같은 위기에 처하게 하는 원인이 되었습니다. 표면적으로는 성경의 권위를 인정하고 그리스도의 가르침을 따르며 불의에 항거했던 종교개혁의 정신을 계승하고 있지만 내면적으로는 맘몬의 지배에 휘둘리는 것 같은 현상들이 나타나고 있습니다.

제자 훈련 방식으로 교회를 개척하여 급성장을 이루며 한국 교회의 차세대 리더십으로 교계의 주목을 받던 대형 교회 담임 목사가 4년형을 선고받고 법정 구속된 사건이 있었습니다. 검찰의 공소장에는 17개월 동안, 총 324회에 걸쳐 총 32억 6,600만 원의 교회 자금을 개인적으로 착복하거나 제삼자와 공모해 외부로 빼돌린 혐의가 기록되었습니다. 목동에 자리한 그 교회는 새로 등록한 교인의 정착률

이 95퍼센트라는 경이적인 기록을 나타냈습니다. 한국 교회에 새로운 역할 모델로 주목받던 교회였고, 네비게이토 선교회 간사 출신의 야심찬 젊은 목회자가 개척해 20년 만에 8,500백 명의 등록 교인과 6,000명의 장년이 출석하는 대형 교회로 성장시킨 것으로 유명했습니다. 바람직한 목회자의 모델로 많은 사람이 인정했던 분이었지만, 결국엔 맘몬의 종이 되어 자기 자신을 무너뜨리고 교회를 분열시키며 한국 교회가 손가락질당하게 만든 것입니다.

굳이 세상을 떠들썩하게 했던 큰 사건을 예로 들지 않아도 우리 주변에는 맘몬의 영향을 받는 교회나 목회자들의 이야기가 비일비재합니다. 사도 바울이 "돈을 사랑하는 것이 일만 악의 뿌리가 된다"고 규정할 만큼 맘몬은 모든 부정적 결과들에 여러모로 영향을 끼친다는 사실을 우리는 간과하지 말아야 합니다.

제가 아는 어느 목사님께 들은 이야기입니다. 그 목사님이 예전에 담임했던 교회가 소속된 노회에는 이름만 대면 알 만한 초대형 교회도 소속되어 있습니다. 큰 명절이 다가오면 그 대형 교회의 담임 목사 이름이 인쇄된 포장지로 싼 비싼 과일 상자가 배달되어 오곤 했답니다. 노회에 소속된 교회가 굉장히 많았음에도 불구하고 소속 노회의 모든 지교회들은 변함없이 1년에 두 차례씩 과일 상자를 선물로 받았다는 것입니다. 뿐만 아니라 그 대형 교회의 담임 목사와 만날 기회를 얻을 수도 있었습니다. 자기 목회 현장의 어려움을 이야기하면 상당한 액수의 지원금을 손쉽게 얻을 수도 있다면서 얼굴에 아쉬움을 가득 내비쳤습니다. 그런 기회가 자신에게 찾아오지 않은 것에 대한 안타까움인 듯했습니다.

남의 이야기를 할 필요가 없습니다. 부교역자 시절에 제가 심방한 성도가 책이나 사 읽으라며 적지 않은 액수의 돈을 제 손에 쥐여 준 후, 그분을 향한 마음의 호의가 다른 성도들보다 깊어진 것을 알고 당황했던 기억이 있습니다. 인간이라면 누구나 물질적인 호의를 좋아할 수밖에 없으며 맘몬은 이런 정서를 이용해 목회자들을 옭아매려 합니다. 따라서 나는 그렇지 않다고 장담하기보다는, 나도 그럴 수 있다는 위기의식을 가지고 맘몬의 유혹을 사전에 차단하려는 의지가 필요합니다. 또한 자신이 정한 원칙을 지키려는 결단력 있는 실천이 요청됩니다.

카페를 운영하면서 제가 실험하며 시행하고자 애쓰고 있는 자비량 목회가 맘모니즘의 유혹으로부터 목회자들을 보호하고 건강한 목회를 이끌어 가는 한 가지 대안이 되기를 소망합니다.

그리스도인이라면 그리스도의 제자다운 모습으로 완성되기를 목표해야 합니다. 성경이 말하고 있는 제자다움의 완성은 영적 아비의 상태에 이르기까지 성장하는 것이고, 진정한 의미의 성장은 신앙의 성숙을 이루는 것입니다. 더 나아가 성숙한 신앙인이 지향해야 하는 삶의 모습은 부유함이 아닌 가난이요, 성공을 향한 경쟁이 아닌 실패를 각오하는 희생입니다.

하지만 맘모니즘은 하나님을 주인으로 섬기는 그리스도인이 가져야 할 이 모든 신앙적 추구의 기준들을 비신앙적인 것으로 바꾸어

놓았습니다. 돈을 최고의 가치로 추구하는 자본주의를 탄생시켜 물량주의적 사고를 가치 판단의 기준으로 삼도록 변질시켰습니다. 이는 결국 우리의 신앙이나 교회와 관련된 모든 판단의 척도가 되어 버렸습니다. 앞서 살펴본 바와 같이 교인의 숫자, 교회 건물의 크기, 헌금으로 형성되는 예산의 규모가 교회의 우열을 판단하는 기준이 되었습니다. 사례비라고 표현하는 목회자 생활비의 정도, 목회자가 생활하는 주택의 규모, 목회자가 사용하는 차량의 등급과 가격 등이 그 목회자의 능력을 대변하는 기준이 되었습니다. 교단에 소속된 교회의 숫자, 교단에 소속된 교회들에 등록된 교인들의 숫자, 교단에 소속된 대형 교회의 숫자와 그 교회의 예산 규모가 교단의 서열을 결정하는 기준이 되어 버린 것입니다. 이런 기준들은 자본주의적 시장 논리에 기인한 것이며, 그것은 뿌리 깊은 맘몬주의로부터 형성된 결과물임을 잊지 말아야 합니다.

3. 본질을 흔드는 교회의 존재 양식

이와 같이 맘몬의 지배를 받은 변질된 물량주의적 가치 기준은 교회의 존재 이유와 목적을 잃어버리게 만들었습니다. 교회는 점차 올바른 교회론으로부터 이탈해 갔으며, 그 결과로 교회 존재의 이유이자 목적인 복음 전파를 통한 인류 구원의 사명 대신, 교회가 영향력을 행사하는 데 유리한 규모를 키울 수 있는 사업들에 집중하게 되었습니다. 그리고 이는 교회 존재 양식인 교회의 제도와 조직, 예배와 모임 등이, 마치 교회의 존재 목적이고 본질인 것처럼 가르쳤습니다.

그러다 정작 교회가 존재하는 이유인 복음 전하는 사명은 흐지부지 뒷전으로 미루어 버렸습니다.

그리스도인 공동체인 교회의 효율적 운영과 관리를 위해 제도와 조직은 필요합니다. 그러나 재정을 비롯해 공동체의 에너지를 교회의 제도나 조직을 유지하는 일에 치우친다면, 이것은 분명 우선순위에 문제가 있는 것입니다. 지난 2011년 6월에 「한국기독공보」가 다루었던 한국 교회의 재정 운영 실태를 보면 대부분의 교회들의 재정 지출 내용 중에서 사무 행정비와 사례비가 전체 예산의 40퍼센트 가량을 차지했습니다. 이에 비해 교육, 구제 및 선교에 들어가는 비용은 모두 합쳐 11퍼센트 정도였습니다. 이는 교회 공동체를 이루는 지체인 성도들이 헌금을 한 목적의 본질에서부터 많이 벗어난 집행 결과입니다. 초대 예루살렘 교회의 예를 통해 알 수 있듯이 교인들의 헌금은 구제와 선교하는 일에 쓰이는 것이 마땅합니다.

하지만 세월이 흐르는 동안, 효율적인 교회 운영과 관리의 필요가 대두되면서 교회는 제도화되고 조직화되었습니다. 그리고 이를 유지하고 운영하기 위해 재정을 투입할 필요가 생겼습니다. 이후 교회의 조직은 정형화되고 일반화되었고, 조직 구성원인 목회자나 직원의 생활비와 주택 구입과 지원비가 고정적인 지출 비용에 포함되었습니다. 교회 재정에서 가장 많이 지출되는 부분이 교회 사역에 가장 큰 기준으로 작용하는 경우가 일반적입니다. 교회의 존재 목적인 복음 전파보다는 존재 양식인 교회의 제도와 조직에 우선되는 지출이 건강한 목회를 지향하는 데 있어서 바람직한지 생각해 볼 문제입니다.

복음이 선포되는 예배는 교회의 사명을 위해 꼭 필요한 교회의 존재 양식이자 기능입니다. 그런데 마치 예배만을 위해 교회가 존재하는 것처럼, 기존의 교인들을 참석 대상으로 하는 예배에만 지나치게 치중하는 것도, 예배에서 설교에 지나치게 무게중심을 두는 의식도 문제가 있습니다. 예배라는 행위 자체보다는, 예배로 부르시고 설교 말씀을 통해 깨우치고 도전하시며 다시 복음을 전파하게 하기 위해 세상으로 파송하시는 예배의 정신에 무게중심을 두는 것이 바람직합니다. 설교의 능력이 뛰어난 목사님을 자랑하는 교회가 아니라, 이웃에게 복음을 전하는 예배자다운 삶을 실천하는 교회임을 자랑할 수 있어야 합니다.

교제의 기능 또한 매우 중요한 교회 공동체의 표현 양식입니다. 하나님과의 수직적인 영적 교제와 더불어, 교회 공동체를 이루는 지체나 이웃들과의 수평적 교제의 균형을 잘 이루어야 합니다. 그것이 교회를 건강하게 만드는 요소 중 하나가 됩니다. 그런데 하나님과의 영적 교제에 치우쳐 이웃과의 교제를 등한시하는 것은 교회의 의무와 책임을 다하지 못하는 것입니다. 이웃과의 교제와 나눔을 더 중요하게 여겨 영적 교제를 통한 신앙 공동체를 유지하는 일에 소홀하다면 그 또한 문제입니다. 오늘의 교회들은 이 문제의 부작용을 이미 많이 경험하고 있습니다.

이처럼 교회가 존재하는 방식과 교회의 기능들은 교회 공동체를 유지하고 운영하기 위한 필수 불가결한 요소들임에는 틀림없습니다. 하지만 존재 방식과 기능은 교회의 존재 이유와 목적을 이루어 가는 데 필요한 방법이지 그 자체가 목적이 되어서는 안 됩니다. 교회의 존재 이유이자 본질인 복음 전파의 사명을 온전히 감당하기 위해서는 본질뿐만이 아닌 본질을 담는 그릇에 대해서도 올바로 이해하고 있어야 합니다. 주객이 전도되지 않고, 본질과 그 그릇의 역할을 제대로 깨닫는 것이 출발점입니다. 이것이 지금까지 교회론의 잘못된 이해로 비롯된 한국 교회의 절망적 위기 상황에서 벗어나기 위한 전제임을 기억해야 합니다.

Go Back

EKKLESIA

구약 성경 에스겔서 37장을 보면 하나님의 권능이 에스겔에게 임하시고 성령께서 한 골짜기로 그를 인도하시는 장면이 나옵니다. 그 골짜기에서 에스겔은 사방에 마른 뼈들이 가득 차 있는 끔찍한 장면을 보게 됩니다. 소망 없는 죽음으로 가득 찬 절망의 골짜기에서 하나님은 에스겔에게 물으십니다.

"인자야 이 뼈들이 능히 살 수 있겠느냐."

앞에서 살펴본 대로 오늘 우리가 살아가는 이 땅 위 교회들의 현실이 마치 에스겔이 서 있었던 골짜기 같다고 말하는 것이 과장은 아닐 듯싶습니다. 뼈들이 말라 버린 것 같은 절망적 상황에 놓인 한국 교회이지만 그럼에도 불구하고 저는 한국 교회의 미래에 소망이 있다고 생각합니다. 물론 하나님 앞에서와 세상에 대하여 교회가 이미 잃어버린 신뢰를 만회하는 일은 결코 쉽지 않습니다.

하지만 저는 에스겔서 37장을 통해 하나님이 약속하신 회복의 기대를 한국 교회에 품어 봅니다. 약 2,500년 전 에스겔을 통하여 절망적 상황에 놓여 있던 이스라엘 백성들에게 하나님이 주신 답이 마른 뼈들의 부활이라면, 그와 같은 상황이 재현된 오늘 이 땅의 한국 교회를 향해 주시는 하나님의 답도 부활이요 소생일 것이라고 믿습니다.

하지만 조건이 있습니다. 믿음에 입각한 희망 담은 기대가 현실이 되기 위해서는 필요한 전제가 있음을 명심해야 합니다.

어떻게 해야 한국 교회가 죽음과 같은 절망을 넘어 부활의 회복에 이를 수 있을까요? 이미 우리는 죽어 버린 인류가 살길은 예수 그리스도의 십자가를 통한 대속 외에는 없음을 알고 있습니다. 예수 그리스도의 몸인 교회가 본질에서 벗어난 까닭에 맞은 위기에서 회복되는 길도 우리 스스로의 노력으로는 이룰 수 없다는 것도 어렵지 않게 알 수 있습니다. 교회는 하나님 자신이 예수 그리스도를 보내 구원의 길을 여시고, 그분의 사역을 연장하도록 세워 두신 인류 구원의 방주입니다.

지금의 절망적인 위기 상황은, 친히 교회를 이 땅에 설립하신 하나님이 한국 교회를 긍휼히 여기고 회복시키시려는 의지에 의존하는 것 말고는 길이 없습니다. 그리고 주님은 에스겔서 37장의 소망 없는 뼈들의 부활을 통해 주님의 결심을 분명히 보여 주셨습니다.

하나님의 말씀이 우리가 기대를 품을 수 있는 약속입니다.

> 또 내게 이르시되 인자야 이 뼈들은 이스라엘 온 족속이라. 그들이 이르기를 우리의 뼈들이 말랐고 우리의 소망이 없어졌으니 우리는 다 멸절되었다 하느니라. 그러므로 너는 대언하여 그들에게 이르기를 주 여호와께서 이같이 말씀하시기를, 내 백성들아, 내가 너희 무덤을 열고 너희로 거기에서 나오게 하고 이스라엘 땅으로 들어가게 하리라. 내 백성들아, 내가 너희 무덤을 열고 너희로 거기에서 나오게 한즉 너희는 내가 여호와인 줄을 알리라.
>
> -에스겔 37:11-13

하나님이 절망의 무덤을 열고 뼈 무더기를 부활시키겠다는 말씀입니다. 오늘날 한국 교회는 뼈 무더기 같은 상황에 처했습니다. 그렇지만 하나님이 우리를 살려내겠다고 마음먹으시면 우리의 절망은 소망으로 바뀔 수 있습니다. 중요한 것은 하나님의 의지입니다.

> 주 여호와께서 이 뼈들에게 이같이 말씀하시기를, 내가 생기를 너희에게 들어가게 하리니 너희가 살아나리라. 너희 위에 힘줄을 두고 살을 입히고 가죽으로 덮고 너희 속에 생기를 넣으리니 너희가 살아나리라.
>
> -에스겔 37:5-6

이 말씀에는 생기를 불어넣어 살리시겠다는 하나님의 강한 의지가 있습니다. 그렇다면 우리가 해야 할 일은 주님의 의지를 신뢰하는 것입니다. 물론 우리 눈에 보이는 우리 한국 교회의 형편, 이 땅의 교회들이 처한 상황들은 결코 간과할 수 없는 절망적 위기임이 확실합니다. 이는 결코 가벼운 문제가 아닙니다. 교회의 크고 작음을 막론하고, 목회자의 경륜이나 능력을 떠나서, 이 땅의 대부분의 교회와 교인들이 저지른 본질을 벗어나는 파괴적인 행태들은 가볍게 볼 수 없는 심각한 죄악입니다. 하나님이 보시기에, 생명의 기운을 찾아볼 수 없을 정도로 이 땅의 교회들이 많이 말라 버렸습니다. 하지만 하나님이 의지를 가동하신다면, 주님이 말씀하신다면, 주님이 선포하시면, 다시 한 번 부활의 날이 찾아올 것입니다. 이런 확신으로, 우리는 더 이상 절망적 환경을 보고 흔들리지 말고 회복의 길을 갈망해야 합니다.

그렇다면 또다시 이런 질문이 이어질 수 있습니다. 어떻게 해야 하나님은 한국 교회를 소생시킬 의지를 가동하실 것인가?

1. 하나님의 의지

저는 구약 성경 요나서에 기록된 니느웨Nineveh 성의 이야기를 통해 이 질문에 대한 긍정적인 답을 발견합니다. 멸망을 계획하셨던 하나님이 그 뜻을 돌이켜 구원의 은총을 베푸셨던 사건을 보여 주고 있기 때문입니다. 구약 성경 요나서에는 타락의 결과로 멸망을 당할 수밖에 없었던 니느웨 사람들이 회개하자 하나님이 심판 계획을 철회하시는 내용이 나옵니다.

현재의 이라크 티그리스 강변 지역에 있었던 니느웨는 메소포타미아에서 가장 오래된 도시 중의 하나로 약 300년 동안 강성했던 아시리아 제국의 수도였습니다. 고고학자들의 발굴 작업 결과에 의하면 니느웨의 성은 약 30미터 높이의 성벽을 두르고 있었는데, 그 성벽의 폭은 네 대의 전차가 나란히 지나갈 수 있을 정도로 넓었다고 합니다. 그런 강성함을 바탕으로 니느웨는 영화를 누리며 타락의 길을 걷습니다. 하나님은 제국의 심장부 니느웨를 심판하시기로 작정하십니다. 그런데 하나님의 심판의 경고를 받은 니느웨가 돌아섭니다. 하나님의 메시지를 대언한 요나의 선포에 왕을 포함한 모든 백성들과 짐승들까지 금식을 하고 굵은 베옷을 입고 눈물로 회개하기 시작하였습니다. 그들은 자신들이 멸망당할 수밖에 없는 상황이라는 걸 인정했고 진정으로 회개한다면 하나님이 뜻을 돌이키실 수도 있다는 믿음을 갖고 있었습니다. 니느웨 백성들이 금식하며 회개하는 모습에 결국 하나님은 심판의 진노를 거두시고는 그들을 용서하셨습니다.

저는 하나님이 우리에게 주신 성경에 기록된 이 요나서의 말씀에 근거해, 우리 한국 교회의 미래를 전망해 봅니다. 회개하면 하나님은 우리를 용서하실 것이며, 이미 마른 뼈와 같이 절망의 위기에 빠진 이 땅의 교회를 회복시키시리라고 믿습니다.

그런데 여기서 우리가 한 가지 짚고 넘어가야 할 부분이 있습니다. 외형적이고 표면적인 기독교적 행사나 모임 등은 의미가 없다는 사실입니다.

한국 교회는 지난 2007년도에 1907년 평양대부흥운동 100주년을 기념하는 행사들을 많이 치렀습니다. 그때에는 의식 있는 교계 지도자들이 중심이 되어 '대각성'이나 '회개'라는 단어가 들어간 집회도 많이 열었습니다. 1907년 1월 평양의 장대현교회에서 열렸던 '평양동계사경회' 때 목사 안수를 앞두고 있던 길선주 장로는 1,500여 명의 성도들 앞에서 자신의 죄를 통회하며 자복했습니다. 그리고 2007년의 집회들은 대부분 바로 100년 전의 평양대부흥운동에서 동기를 부여받았습니다. 그 한 해 동안은 1907년을 회상하며 회개한다는 고백과 기도 소리가 선명히 들렸습니다. 그런데 10년이 지난 지금까지도 정작 그에 따른 회개의 열매는 보이지를 않습니다. 행위가 뒷받침되지 않는 말뿐인 믿음처럼, 그 가치와 진정성을 인정받지 못하는 무늬만 요란했던 행사들이었다는 지적을 결코 피할 수 없습니다.

잘못된 현실을 깊이 자각하고 이런 결과에 이르게 된 근원적 문제에서부터 돌이키는 진정한 회개[悔改: 돌이켜 고침]가 있어야만 합니다. 그런 전제 없이 일어나는 일시적인 단회성의 행사로는 의미 있는 결과를 얻지 못합니다. 오히려 스스로에게 면죄부를 주고 합리화시키는 역효과를 낳을 뿐입니다. 더 이상 돌이킴의 노력을 하지 않게 만들어 오히려 진정한 회복에 대한 기대조차 품지 못하게 만듭니다. 이런 부정적 영향을 줄 수 있기 때문에 행사를 기획할 때에는 더욱 신중하게 접근해야 합니다.

2. 하나님의 의지를 실현하는 대언자

하지만 에스겔서 37장을 통해 우리는 한줄기 희망의 빛을 발견합니다. 하나님은 마른 뼈들을 부활시키려는 의지를 가지고 계셨습니다. 그리고 하나님의 의지는 그분의 사람을 통해 대언하게 하심으로써 실행됩니다. 하나님의 사람이 성령의 말씀을 붙잡고 대언하여 말씀을 선포하자 하나님의 역사가 일어났습니다.

오늘의 한국 교회에는 에스겔서 37장이 보여 주는 회복의 역사, 부활의 기적이 절실히 필요하며, 그런 결과를 얻기 위해서는 이 땅에 남겨 두신 그루터기 같은 하나님의 사람들이 일어나 외쳐야만 합니다.

하나님이 심판을 계획하셨던 니느웨는 악이 가득하여 저주 받기에 마땅한 절망적 상황에 놓인 땅이었습니다. 그러나 요나가 회개의 메시지를 선포했을 때 그 타락한 니느웨는 멸망의 어두움이 걷히고 희망의 빛이 비치기 시작했습니다. 요나가 하나님의 명령을 대언했을 때 니느웨 사람들의 귀에 하나님의 말씀이 들렸고, 들린 하나님의 말씀을 그들은 믿었으며, 그 말씀의 도전에 따라 금식하고 회개했습니다. 진정한 회개는 믿음의 실행으로 나타납니다. 실행되지 않는 믿음은 인정받을 수 없으며 진정한 회개가 아니라는 증거입니다. 하나님의 말씀을 믿는다는 것은, 하나님의 말씀을 따라 회개한다는 것은, 삶의 실행으로 나타나야 인정받을 수 있습니다. 요나서 3장 10절의 기록을 보면 니느웨 사람들은 그렇게 했습니다. "하나님이 그들이 행한 것 곧 그 악한 길에서 돌이켜 떠난 것을 보시고 하나님이 뜻을 돌이키사 그들에게 내리리라고 말씀하신 재앙을 내리지 아니하시니라." 진정한 회개를 보신 하나님은 뜻을 돌이키셨습니다.

역사의 변화는 하나님 앞에 순종해 그분이 주시는 말씀을 대언할 때 시작됩니다. 소망이 없어 보이는 이 시대, 이 땅에, 하나님의 말씀만, 복음만 대언되기를 하나님은 요구하고 계십니다. 이제 부끄러웠던 그동안의 한국 교회의 모습을 벗어 버리기 위해서는, 우리 자신이 막아 버리고 깨뜨려 버린 교회를 회복시키기 위해서는, 이 땅에 전해졌던 과거의 그 순수한 복음이 다시 선포되어야 합니다.

3. 생기를 불어넣는 말씀의 대언

진정한 한국 교회의 회복은 개신교를 탄생시킨 종교개혁의 근본정신인 다섯 가지의 솔라Five Solas 중 첫 번째 정신인 '오직 성경'Sola Scriptura의 회복으로부터 시작될 것입니다. 종교개혁이 일어난 후 500년이 지난 오늘날, 하나님의 말씀인 성경에 우리의 판단과 결정과 행동에 최종 결정권을 부여하자고 주장했던 종교개혁자들의 정신을 다시 새겨야 합니다.

안타깝게도 우리는 여러 면에서 이 정신과 멀어졌으며 오히려 개혁이 필요했던 당시의 교회 모습과 흡사해졌습니다. 오늘날 한국 교회 강단의 현주소는 재미있게 듣고 은혜 받으면 좋은 설교라고 생각하는 교인들의 요구에 맞춰져 있는 듯합니다.

하나님이 성경 본문을 통해 말씀하시는 핵심적 내용은 오히려 들러리가 되고 세상의 여러 가지 이야기들로 이루어진 예화를 걸쭉한 입담, 화려한 말솜씨로 포장해 감동시키는 설교는 이제 정리되어야 합니다. 세속적 가치 추구를 부추기는 설교, 그리스도의 제자도를 따르는 길이 아닌 맘모니즘의 유혹에 동조하는 삶을 가르치는 설교, 이런 생기를 부르는 것과 상관없었던 사람의 말 대신 하나님의 심정으로 그분이 우리의 입에 주신 그분의 말씀을 대언해 선포해야 합니다.

메이플라워호를 타고 신앙의 자유를 찾아 신대륙으로 건너갔던 청교도들의 신앙은 이후 100년의 역사가 흐르는 동안 서서히 식어 갔습니다. 프로테스탄트 신앙의 선조를 둔 믿음의 후손들이었지만 이민 2, 3세대들은 빠르게 기독교 신앙에서 떠나고 있었습니다. 교회가 그 순수성을 잃고 혼탁해져 가는 상황에 이르게 되자, 이를 극복하기 위한 미국의 1차대각성운동이 일어났습니다. 그 결과 수많은 영혼들이 하나님의 품으로 돌이켰으며, 정치적으로는 미국 독립의 정신적 기초를 놓았고, 나아가 국가에 대한 하나님의 특별한 섭리와 소명을 확신하게 되었습니다.

이때 매사추세츠 노샘프턴 교회 담임 목사였던 조너선 에드워즈 Jonathan Edwards의 설교는 수많은 사람을 회심하게 하였습니다. 그의 설교 중 신명기 32장 35절을 본문으로 한 '진노하시는 하나님의 손안에 떨어진 죄인들'이라는 제목의 설교는 죄, 심판, 하나님의 진노, 지옥, 회개, 구원의 내용으로 가득 차 있었습니다. 놀라운 것은 그가 작성된 설교문을 평소와 같이 소리를 높이지 않고, 감정을 배제하고, 강약 없이 리듬도 타지 않은 채 또박또박 읽어 내려갔을 뿐인데 엄청난 일이 벌어진 것입니다. 설교를 듣던 교인 한 사람이 갑자기 일어나 소리쳤습니다.

"아! 나는 지옥에 갈 것이 분명합니다! 구원을 위해서 제가 해야 할 일은 무엇입니까? 내가 예수님을 위해서 무엇을 할 수 있는지 말해 주십시오!"

이어 이곳저곳에서 울음소리가 터져 나왔습니다. 지옥으로 떨어질 것이라는 두려움에 의자를 잡고 벌벌 떠는 사람도 있었고, 두려움에 휩싸여 제발 설교를 멈춰 달라고 소리치는 사람도 있었습니다. 인간의 그 어떤 기교나 능력도 담기지 않은 하나님의 말씀이 대언되어 예리한 칼처럼 자신들이 품고 있던 죄성을 도려내자 그 고통을 견딜 수가 없었던 것입니다. 결국 조너선 에드워즈는 설교를 멈출 수밖에 없었지만, 대신 이 말로 회중의 회개를 촉구했습니다.

"예수님 밖에 있는 모든 자들이여, 이제 일어나 당신들에게 임할 진노로부터 도망치십시오. 당신이 있는 소돔으로부터 도망치십시오."

에드워즈의 설교는 대각성운동의 선구적 역할을 하게 되었는데 당시 그의 설교를 들은 사람들은 마치 예수 그리스도에 의해 점령당한 자처럼 온전히 변화된 삶을 살았다고 합니다. 그의 설교에 깊은 잠에 빠졌던 청교도의 후예들이 눈물을 흘리며 회개했고, 방탕했던 청년들이 달라지기 시작했습니다. 술집에 모여들던 청년들이 예배당에 모였고, 가정에서는 성경 공부를 하고 기도하는 신앙인들이 되었습니다. 이 청년들이 부흥의 시발점이 되어 그들에게서 시작된 영적 부흥이 부모 세대에게까지 거슬러 올라가 영향을 미쳤고, 이어 온 마을과 이웃 마을, 다른 주에까지 그 신앙의 열기가 번져 갔습니다.

1차대각성운동을 주도했던 인물 중 한 사람인 조지 휫필드George Whitefield는 조너선 에드워즈나 존 웨슬리에 비해 덜 알려졌으나 실제로는 18세기 교회 지도자 중 가장 주목할 만한 인물이라는 평을 듣는데, 영국과 미국의 영적 각성에 큰 영향을 끼친 그의 설교를 들은 조너선 에드워즈가 눈물을 흘릴 정도였다고 합니다.

영국 서남부의 중심 도시인 브리스틀Bristol에서 조지 휫필드가 설교했던 때의 이야기는 유명합니다. 기존 목회자들의 방해로 설교할 교회 강단을 얻지 못한 휫필드가 핸엄 마운트Hanham Mount의 언덕 위에 서자 그의 주위에는 시커먼 탄가루를 얼굴에 뒤집어쓴 광부들이 모여들었습니다.

"하나님의 아들이 죽었습니다. 죄인들의 친구였으며, 나와 여러분 같은 죄인들을 회개시키려 이 땅에 오신 하나님의 아들 예수 그리스도께서 나와 여러분을 대신해 죽으셨습니다."

이렇게 시작된 그의 설교는 사람들의 내면에 있는 죄악을 들추어 내었습니다. 그의 설교를 들은 사람들은 두려움에 떨었다고 합니다. 언덕에 서서 불을 토하듯 원초적인 복음을 전하는 휫필드의 설교를 듣던 광부들의 두 볼에는 어느새 두 줄기의 하얀 선이 선명하게 생겼습니다. 시꺼먼 얼굴에 회개의 눈물이 지나간 흔적이었습니다. 우레와 같은 음성으로 영혼을 내리치는 설교를 들은 광부들은 깊은 회심을 하게 되었습니다. 그 후로 그들의 삶은 확실하고 철저하게 달라졌습니다. 핍박에 앞장서던 자들이 복음의 증인이 되는 놀라운 변화가 이어졌다고 합니다. 하나님의 명령을 대언한 설교가 교회들을 살려 낸 것입니다. 죽은 것과 마찬가지인 공동체를 생기가 넘치는 공동체로 탈바꿈시킨 것입니다.

지금 한국 교회에는 어리석은 인간의 머리로부터 나온 깔끔한 분석과 정리가 필요한 것이 아닙니다. 이 땅의 거룩했던 교회 공동체들이 깨어지고 나누어진 것이 누구 탓인지 책임 소재를 가리며 서로 비난해야 할 때도 아닙니다. 지금 우리에게는 생명을 살리는 능력의 말씀이 필요합니다. 성경에서 말하는, 주님이 우리에게 주시는, 원초적인 복음인 하나님의 말씀이 대언될 때, 뼈들이 서로 연결되고 그 뼈에 힘줄이 생기고 살이 오르며 그 위에 가죽이 덮이게 될 것입니다.

하지만 마른 뼈에 단지 피와 살을 가진 시체로 변하는 것은 우리의 목표가 아닙니다. 생기가 없으면, 성령의 기운이 없으면 아직 온전히 살아나지 못한 시체일 뿐입니다. 하나님의 영이 우리에게 임하셔서 한국의 교회가 온전한 부활체가 되어야 합니다. 살아 일어나 움직여서 이 민족을 향한 군대가 되는 것이 우리가 궁극적으로 지향해야 할 하나님의 뜻입니다. 따라서 우리 역시 그것을 소망해야 합니다.

그러기 위해서는 원초적 복음을 대언해 우리의 죄성을 낱낱이 고발해 주고 마음을 찢고 하나님 앞에 엎드리게 하는 깨어 있는 목회자가 필요합니다. 우리의 옛사람은 그 말씀의 검에 찔려 죽임을 당하고 성령의 임재를 통한 새사람으로 재창조되는 부활의 역사가 일어나야 합니다. 오직 하나님의 말씀을 통해 우리에게 임하실 살아 있는 하나님의 영만이 교회를 살리고, 이 민족을 살릴 것입니다.

말씀에 집중하고 묵상하며 그 말씀을 통해 성령이 지시하시는 대로 낮아지고, 용서하고, 희생하고, 사랑하는 삶이 실행되어야 합니다. 하나님의 말씀이 대언되기 시작하면, 말씀을 듣고 회개하는 자들에게 하나님의 영이 충만하게 임재하시면, 우리 한국 교회가 지닌 모든 문제와 절망적인 상황들은 해결되고, 하나님의 새로운 뜻이 심기며 새로운 교회가 건설될 것입니다. 우리를 살리는 생기인 하나님의 영이 임재해야 우리는 다시 살아나 두 발로 서서 이 땅의 소망의 군대가 될 것입니다.

하나님의 살리시는 영에 모든 한국 교회가 사로잡혀 하나님의 나라와 그의 의를 구하는 일에 우선순위를 두어야 합니다. 그리고 그 본질적 목적을 온전히 감당하기 위해 교회의 존재 방식인 교회의 제도와 조직, 예배와 교제 등의 기능들을 부속시켜야 합니다. 그때 비로소 하나님의 뜻이 하늘에서 이룬 것같이 이 한국 땅에서도 이루어질 것입니다. 살리는 영인 성령의 임재하심 안에서 한국 교회가 다시 부활하는 근본적인 변화가 일어날 때, 한국 교회를 향한 하나님의 섭리와 우리의 소명이 열매를 맺을 것입니다.

하나님이 살리시겠다는 의지를 가지시면, 의지의 말씀이 대언되어 선포되면, 선포에 따라 이 땅을 고치시는 하나님의 영이 임재하시면, 마른 뼈들이 생명체가 되어 일어나 사명을 이룰 수 있는 한국 교회로 부활할 것입니다. 그런 결과를 위해서는 이 땅의 그리스도인들이 변화해야 합니다. 하나님의 말씀에 순종하여 성령의 인도를 따르는 하나님의 사람이 되기를 결단해야 합니다. 그런 우리에게 마른 뼈가 붙고, 힘줄이 생기며, 살과 가죽이 덮이는 놀라운 회복의 역사가 일어나게 될 것입니다.

에필로그 _

나의 고백

2014년 7월 24일에 있었던 일입니다. 교회를 개척한 후 1년 8개월이 지났을 때입니다. 카페에 나가기 위해 집을 나서면서 저는 제 자신이 생각해도 매우 충격적이고, 의미심장한 혼잣말을 중얼거리고 있었습니다.

"나는 그리스도인이 아닌 것 같아. 목사라는 직업에는 충실한 사람이었을지 모르지만, 나는 진정한 그리스도인은 아니었어."

전날 저녁 제 심장에 깊이 파고든 한 구절의 성경 말씀이 있었습니다. 성령 하나님의 감동을 받아 저는 그날 아침까지 제 자신의 모습을 정직하게 대면하고 있었던 것입니다. "이 후로는 누구든지 나를 괴롭게 하지 말라. 내가 내 몸에 예수의 흔적을 지니고 있노라"갈 6:17.

예수의 흔적을 지니고 있노라고 당당하게 말할 수 있었던 사도 바울에 비해 너무도 부끄러운 신앙인으로서의 저의 족적들을 되돌아보자 제 마음은 무너져 내리고 있었습니다.

저는 제가 야곱과 비슷한 부분이 많다고 생각합니다. 하나님의 은혜에 대한 욕심, 그분이 베푸시는 은혜를 쟁취하려는 강한 집착, 이런 것들이 매우 커서 이런 집념이 때론 부끄러운 모습으로 드러나는 경우가 많습니다. 지금까지 살아온 시간들, 특히 목회자로 걸어온 사역의 시간을 돌이켜 보면, 야곱과 같은 욕심이 끌어간 바보스러운 삶이 많았습니다. 돌이켜 보니 참 많이 부끄럽습니다.

그동안 저는 저를 보는 주변의 시선과 기대를 의식하며 살았습니다. 그런 까닭에 거짓과 위선으로 포장된 삶을 살 때가 참 많았습니다. 저를 향한 주님의 소명에 충실하지 못했습니다. 주님이 주신 소중한 시간을 엉뚱하게 소모하기도 했습니다. 목사라는 직업에는 충실했을지 모릅니다. 하지만 진정한 그리스도인의 삶과는 거리가 있었습니다. 지극히 인간적 시각과 기준으로 성공적 목회를 꿈꾸었던 모습이 있었습니다. 어떻게 하면 좀 더 잘나 보일까? 어떻게 하면 좀 더 알아주는 목사가 될 수 있을까? 이런 유치하고 부끄러운 생각에서 자유롭지 않았습니다. 다른 목회자들과 차별되게 보이려고 기득권과 편안함을 포기한 것처럼 근사하게 포장도 했습니다. 상황과 사람의 눈치를 살피며 뚜렷한 방향을 유지하지 못하고 갈팡질팡하는 못난 모습도 많이 보였습니다. 희생과 헌신의 자세로 준비된 리더인 것처럼 보이면서도 저의 뜻과 주장대로 되기를 바라기도 했습니다.

마음으로 내면으로는 동의되지 않으면서도 겉으로는 관대한 사람인 척했습니다. 결국 그런 부족함을 온전히 떨쳐 버리지 못한 채 목회자의 길을 걷다가 교회 개척의 길에 접어들었던 것입니다.

신약 성경 에베소서 5장 8절은 이렇게 말씀합니다. "너희가 전에는 어둠이더니 이제는 주 안에서 빛이라. 빛의 자녀들처럼 행하라." 이 말의 의미를 살려서 다시 쉽게 표현하면 "이전에는 세상에 속했던 너희가 이제는 빛 되신 예수 그리스도로 말미암아 새사람이 되었으니, 새사람다운 그리스도인으로 선한 영향력을 끼치며 살아가라"입니다.

하나님이 저를 거듭난 그리스도인으로 부르신 목적은 목사라는 타이틀을 지닌 직업인으로 살아가게 하려 함은 아닐 것입니다. 저를 부르신 하나님이 주신 과제는 그리스도인다운 선한 영향력을 끼치며 살라는 것이 분명합니다. 제가 이미 경험한 구속의 은혜, 그 은혜로 말미암은 감사를 표현하며 살라는 것인데, 그것이 바로 '빛을 드러내는, 빛의 자녀처럼 행하는', 즉 병든 세상, 병들고 외로운 인생들을 치유하고 회복시키는 삶입니다.

세상이 어둠인 것은 맞습니다. 그렇다고 제가 세상을 떠나서 살 수는 없습니다. 세상이 아무리 어둡더라도 저는 그 속에서 살아가야만 합니다. 그러나 그 어두움에 묻히지 말고 강하고 밝은 빛을 내야만 합니다. 어둠을 걷어 내야 하고, 거룩하고 선한 영향력을 발휘해야 합니다. 저는 꼭 그렇게 살다 가고 싶습니다. 그리스도인으로서의 흔적을 이 땅에 뚜렷이 남기고 떠나는 그리스도의 제자이고 싶습니다. 무너져 가는 한국 교회의 개혁과 회복에 작은 불씨라도 될 수 있기를 소망합니다. 본질상 진노의 자녀이기에 그 죄성의 한계를 넘어 서지 못해서 앞으로도 얼마나 더 허우적거릴지 모릅니다. 하지만 그 때마다 다시 있는 힘껏 하나님께 매달릴 수 있기를 간절히 바랍니다. 이 바람이 헛되지 않도록, 이 과제를 성실이 완수할 수 있도록, 주의 돕는 손길이 저를 끝까지 돌보아 주시며 외면하지 않으시기를 기도합니다.

> 하나님이여 내 속에 정한 마음을 창조하시고 내 안에 정직한 영을 새롭게 하소서. 나를 주 앞에서 쫓아내지 마시며 주의 성령을 내게서 거두지 마소서. 주의 구원의 즐거움을 내게 회복시켜 주시고 자원하는 심령을 주사 나를 붙드소서.
>
> -시편 51:10-12

"카페 에클레시아에서 제가 가진 두 가지 편견이 깨져 버렸습니다. 달달한 라테와 믹스 커피만을 사랑했던 제게 이곳은 아메리카노의 향과 맛과 풍미를 알게 해 주었습니다. 커피에 대한 제 편견을 깨 준 것이지요. 그리고 또 하나는 교회, 목사님, 사모님은 어렵고 불편한 존재라는 편견이 깨어졌습니다. 아메리카노의 향과 맛과 풍미를 알아 가는 것 이상으로 목사님과 사모님에 대해 깊이 알아 갑니다. 때로는 친정 오빠, 언니처럼 편안한 분으로, 때로는 고민을 상담하고 어떤 넋두리도 받아 주는 선생님 같은 분으로 두 분은 저와 가까운 곳에 항상 계십니다. 그렇게 카페 에클레시아는 제게는 '편견이 깨지는 곳'입니다."

- 단톡방 에클레시아 멤버 김혜영

6평 카페의 기적 같은 이야기
고백 에클레시아

초판 1쇄 인쇄 2017년 12월 29일
초판 1쇄 발행 2018년 1월 3일

지은이 양광모
펴낸이 이재원
펴낸곳 선율
출판등록 2015년 2월 9일 제2015-000003호
주소 경기도 구리시 동구릉로 148번길 15
전자우편 1005melody@naver.com
전화 070-4799-3024 **팩스** 0303-3442-3024
인쇄·제본 현문인쇄

ISBN 979-11-88887-00-2 03230
값 15,000원